La Identidad del Cristiano

Afirmando nuestra identidad en un
mundo lleno de confusión

Raymundo Estenoz, PhD

Editorial MIRE
58 Terrace Rd. Walnut Creek, Ca. USA.

Dedico este libro a mi amigo Rogelio del Río.
Cuando te necesitaba estabas a mi lado, y
ahora que estas lejos, todavía sigues estando.
Eres una bendición para el camino a la gloria.

Contenido

Introducción

¿Quién soy yo? Esta pregunta es la que todo ser humano se hace en su existencia y trata de encontrar alguna respuesta. Desde el antiguo aforismo griego escrito en el templo de Apolo: "Conócete a ti mismo"[1], pasando por obras de escritores como William Shakespeare, quien tratando de dar respuesta a esta interrogante escribió en su famosa obra Hamlet el inolvidable monólogo "Ser o no ser". Autores como Hermann Hesse en su novela "Demian", o Jean-Paul Sartre en su obra "El ser y la nada", también abordan esta pregunta fundamental y que para muchos se convierte en enigmática.

Si algo ha caracterizado la historia de la humanidad es la búsqueda desesperada por encontrar su identidad, por saber quién es en un mundo lleno de confusión y de caos. Los dos últimos siglos han sido una batalla feroz en busca de una nueva identidad para el ser humano. Del nuevo hombre (novo homo) que proponían las distintas corrientes de humanismo, se ha movido la balanza a una deconstrucción de la identidad humana a través de nuevas circunstancias, inconformidades e ideologías.

Tras siglos en la búsqueda de su identidad, tal pareciera que el hombre estaría más consciente acerca de su sentido y consciencia ante la vida, pero no es así. Hoy, el ser humano parece estar más confundi-

---

[1] En griego clásico: γνῶθι σαυτόν, transliterado como gnóthi sautón.

do que nunca. Ahora no solo sigue en busca de su identidad, sino que pretende encontrarla en un mundo secular, lo más alejado de Dios. Y aquí yace su gran problema, porque mientras más se aleja de Dios, más destruye su identidad y cae en el oscurantismo de su autopercepción.

Desde mi punto de vista cristiano, cuando hablo de identidad me refiero a la capacidad que tiene el hombre de autopercibirse ante la realidad de lo divino, ante su realidad humana en relación con otros congéneres y con la creación que lo rodea. Sobre estos temas trataremos de traer luz a través de este libro. Esta identidad está basada en realidades firmes que establece la palabra de Dios, que no cambian y ayudan al hombre a encontrar la luz en medio de las tinieblas.

No vivimos en una burbuja, sino en una realidad que puede terminar influyendo y determinando nuestra autopercepción. Somos conscientes de que las circunstancias y las corrientes de pensamientos son bien influyentes en la formación de los seres humanos en cada generación. No entender esta realidad o este momento histórico que nos rodea, para ver lo que nos puede condicionar en nuestra autocomprensión, es como ser un ciego y pretender caminar al borde de un acantilado sin riesgo de caer. Detengámonos para ver algunos de los problemas reales que enfrenta la humanidad actual en busca de su identidad.

LAS REDES SOCIALES

En esta batalla por encontrar la identidad se encuentra la nueva generación de cristianos que viven bajo la influencia de todo tipo de información que los lleva a alejarse del modelo divino. Ya no son los hogares, ni las escuelas, y mucho menos la iglesia, la mayor influencia para la nueva generación en la formación de su identidad. Son las devoradoras redes sociales y los influencers de turno los que arrastran a los adolescentes y jóvenes a un mundo como el Juego del Calamar[2]. Un mundo lleno de inseguridades y que no trata de exaltar los mejores valores, sino los peores, ya que se persigue la aprobación y el reconocimiento a cualquier precio.

---

[2] El Juego del Calamar es una serie de Netflix que se hizo muy popular. Su trama central es acerca de un juego o concurso secreto en el que participan 456 jugadores, todos ellos con grandes dificultades económicas y arriesgan sus vidas jugando para tener la oportunidad de ganar un premio.

El "pienso, luego existo" de Descartes ha mutado en esta nueva generación en "dame un like y luego existo". La búsqueda desesperada de aprobación y el anhelo insano de la humanidad de encontrar reconocimiento están llevando al hombre a un callejón que parece no tener salida. Las maneras más irracionales en las que se busca resaltar hasta lo más inmoral y deshumanizante para tratar de satisfacer la vanagloria resultan como una droga que arrastra a muchos a vivir presos de un mundo que no es real.

El mal uso de las redes sociales puede llevar a muchos a utilizar Facebook para creer que no están solos, Instagram para crear un mundo de fantasía, y Twitter (o X) para pensar que son filósofos. ¿Y qué decir de TikTok? A veces pienso que las futuras generaciones verán los videos que se exhibieron allí y se reirán de nuestras ridiculeces. Es como si hoy miráramos el cine silente que se hizo en el siglo pasado. Por último, cito a Snapchat, que le hace suponer a muchos que la vida es efímera como los mensajes que se borran y que los malos actos nunca traerán consecuencias, sino que pronto serán eliminados como la correspondencia. Pero tristemente no es así de fácil: todo lo que el hombre siembra, eso segará.

El tema no es el mal uso de las redes sociales, sino una realidad mayor: el problema de nuestro corazón. Porque, en fin, de la abundancia de nuestro corazón hablan nuestras redes sociales. Ellas representan el reflejo real de lo que tratamos de ocultar de nuestras vidas, de las carencias que tenemos en nuestro carácter y de la condición espiritual de nuestra alma.

Pablo decía: *"No erréis; las malas conversaciones corrompen las buenas costumbres"* (1 Co. 15:33). ¿Y quién puede dudar a estas alturas que un mal uso de las redes sociales no terminará dañando muchas de las cosas importantes y buenas de nuestras vidas? ¿Cuántos jóvenes, matrimonios y familias no llevan heridas y cicatrices de malas decisiones en sus vidas relacionadas con el mal uso de las redes sociales? Si somos honestos, no son pocas las personas que se encuentran en este punto.

LA IDEOLOGÍA DE GÉNERO

Si por un lado tenemos las redes sociales, por el otro tenemos la ideología de género. Esta ideología que, como la comunista, trata de imponer sus cánones sobre la sociedad en su camino a la neopaganización[3] de esta. Hay que arrancar los valores judeocristianos de la familia que han traído la sociedad hasta aquí y suplantarlos por una nueva ingeniería social que dañe a las poblaciones gradualmente hasta que las extermine. Si piensa que exagero, mire las poblaciones originales de Europa que han abrazado con devoción esta ideología nefasta, para que vea la manera en que decrecen por años y tienen que buscar a inmigrantes como población de reemplazo.

El absurdo ideológico de este pensamiento ha llegado a tanto que tratan de modificar todos los valores a golpe de dogmas sin sentido. Tratan de modificar el lenguaje a través de una voz "inclusiva" que resulta solamente exclusiva para ellos. ¿Qué decir del surgimiento interminable de géneros sexuales? Parece que el delirio no termina y no se sabe a dónde va a parar esta locura y las nuevas formas de autopercibirse. El movimiento LGBTI pasó a ser LGBTIQ y ahora añadieron un + al final (LGBTIQ+) para que quien desee añada cualquier nueva locura que se le ocurra. ¿A dónde irán a parar?

Muchos de los movimientos que defienden la ideología LGBTIQ+ lo hacen basándose en falacias ideológicas. Se les ha enseñado que nacieron así y que esto no tiene ninguna repercusión. Tal pareciera que el argumento de "nacer así" es la mayor justificación, pero es de los argumentos más absurdos que se han podido usar, porque, aunque nacieran así, lo cierto es que en este mundo todos nacemos con un pecado que nos destruye y de cuyas consecuencias hay que huir.

Muchos de los cristianos que entienden la verdad de la Biblia y que defienden el modelo del diseño original de Dios son acusados de homofóbicos, pero el amor cristiano no se trata de rechazar al pecador, sino de guiar al pecador a Cristo para que Él restaure su vida. La predicación del evangelio de Cristo no se trata de rechazar al que vive en pecado, sino de acercarle a la verdad de Cristo para que, a través de la redención, Dios le transforme y le dé una nueva identidad.

---

[3] La neopaganización es el movimiento de pensamiento que trata de arrancar los valores cristianos de la sociedad y volver a los dioses antiguos que promovían la adoración a la naturaleza y a los placeres humanos. De esta manera, arrancan de la sociedad los valores morales que afirman y sostienen a la familia.

Mientras escribo este libro, trabajo desde hace años en California, y esto tiene una mayor connotación porque estoy sufriendo en carne propia todos los embates de este pensamiento macabro. Al haberme educado en un sistema comunista, porque nací y crecí en Cuba, me percato con facilidad cuando se está tratando de ideologizar a una persona, porque lo sufrí en carne propia.

Recuerdo que a los ocho años me habían hablado tan mal del capitalismo y de Estados Unidos que llegué a creer que a Cuba la atravesaban huracanes porque el "Imperio Norteamericano" los enviaba. Ellos eran nuestros enemigos y querían destruirnos hasta con la naturaleza. Parece exagerada la experiencia, pero así puede llegar a pensar un niño cuando lo adoctrinan con mentiras.

En relación con la fe cristiana, me enseñaron que esta era una creencia de gente estúpida y sin preparación. Que la ciencia había descubierto que Dios era mentira y que aquellos que eran cristianos no solo se oponían al avance de la humanidad, sino que debían ser borrados de la sociedad. ¿Saben cuáles fueron las consecuencias? Recuerdo que a los nueve años tomé piedras y las lancé contra el interior de una iglesia como muestra de que yo creía que los cristianos eran enemigos de la humanidad.

Mientras le narraba mis tristes historias, ¿no le recuerda lo que está sucediendo ahora con los cristianos? Además de que nos siguen calificando de imbéciles como lo hacían antes, ahora somos homófobos, retrógrados, promotores del patriarcado dominante, escorias que necesitan ser borradas de las escuelas y de las academias.

El cuadro de "La última cena", de Miguel Ángel, se ha cambiado en esta sociedad por un aquelarre [4] de lo irreverente y de lo sinsentido para la humanidad. Todos aquellos que no se suman a los preceptos de la tiranía de la ideología de género, ni a sus dogmas actuales, corren el riesgo de que traten de silenciar su voz a toda costa. Nada nuevo en la historia, lo que hicieron los comunistas y fascistas en el siglo pasado contra los cristianos, en este siglo pretenden hacerlo los que promueven esta pervertida ideología. Pero para desgracia de ellos, la verdad seguirá prevaleciendo sobre la mentira, y la luz seguirá brillando en medio de las tinieblas.

---

[4] Aquelarre es una reunión satánica con el fin de promover el mal.

TRANSESPECIE Y TRANSHUMANISMO

A este mal de la ideología de "desgénero" añádale otros dos grupos que están surgiendo y se están propagando como la mala hierba. Me refiero a la ideología de la transespecie y al transhumanismo. Del transgenerismo vamos en picada a otros caminos trans. ¿Será que la generación próxima será la trans? Todo parece indicar con más claridad que el juicio de Dios se acerca.

El pensamiento de la transespecie se refiere a una perspectiva en la que las personas no se identifican exclusivamente como seres humanos, sino que sienten una conexión profunda con otras especies animales. De tal manera que algunos prefieren identificarse con animales y otros prefieren unir su vida en una relación sentimental con uno de ellos, lo cual tiene que ver más con la zoofilia o el bestialismo, que con algo digno, puro u honesto.

No es de sorprender que países como Canadá[5] aprueben tan abominables prácticas, y que en ciudades que se consideran "progresistas", como San Francisco, Estados Unidos, usted encuentre personas caminando por sus calles como si fueran perros, atados con una cuerda. Sinceramente, no veo ningún progreso en este pensamiento, sino un retroceso en todo sentido. Lo irónico es que la mayoría de los que practican tales desmanes creen en la teoría de la evolución de las especies de Charles Darwin. En estos casos, ¿alguien me pudiera explicar hacia dónde avanza la humanidad con este tipo de pensamiento?

El transhumanismo parece aún más "refinado", pero es otra desgracia en crecimiento. La Asociación Mundial Transhumanista (*World Transhumanist Association*) trata de transformar a la especie humana hibridándola con elementos tecnológicos para convertirla en un producto artificial. Su fin primario no es utilizar los avances tecnológicos para ayudar a resolver problemas de enfermedades y padecimientos que experimentan los seres humanos, sino cambiar radicalmente la naturaleza humana con la finalidad de convertir al ser humano en un "dios inmortal". Y todo esto al margen de nuestra propia naturaleza creada y de su Creador.

---

[5] Ver la noticia en línea: En 2019, Canadá modificó la ley para castigar cualquier contacto con un propósito sexual con animales. Publicado el 21 de enero de 2020 a las 14:39. *https://factual.afp.com/en-2019-canada-modifico-la-ley-para-castigar-cualquier-contacto-con-un-proposito-sexual-con-animales*

Para los transhumanistas, la búsqueda de un ser humano genéticamente modificado y tecnológicamente condicionado traerá "beneficios a la humanidad". Esto es lo propio de las ideologías: empiezan a introducirse suavemente, bajo capa de bien, como la mejora de la salud y otras cuestiones, y de aceptación voluntaria, para al final convertirse en totalitarias y obligatorias para todos. Este es un nuevo proyecto al estilo de Babel, y ya sabemos cuáles serán las consecuencias.

Al mirar nuestra realidad nos percatamos de cómo Pablo retrató al hombre pagano de su tiempo (Ro. 1:18-32) y con claridad vemos las similitudes de sus desgracias con la humanidad de hoy. En fin, el ser humano está corrompido y en todas las generaciones buscará su manera preferida de mostrar su horrible condición espiritual, y tal parece que esta generación se está yendo al extremo.

Ante tal desgracia no podemos olvidar al Dios vivo, justo y verdadero, que seguirá derramando desde el cielo Su ira contra los seres humanos desobedientes que tratan de tergiversar la verdad (Col. 3:6). Y también este mismo Dios seguirá mostrando Su maravillosa gracia para traer salvación al hombre perdido. Porque donde abunda el pecado, sobreabunda la gracia para salvar (Ro. 5:20).

Como cristianos, tenemos la responsabilidad de volvernos a las Escrituras para encontrar la antigua, firme y nueva verdad acerca de nuestra identidad. Antigua, porque esta verdad revelada por Dios ha acompañado a la humanidad desde que encontró razón de sí en este mundo. Firme, porque establece principios sobre nuestra identidad que no serán modificados por nada ni por nadie, porque fue Dios quien los estableció. Y verdad nueva, porque siempre que Dios ilumina el entendimiento del ser humano, y esas viejas realidades son entendidas, entonces toman un nuevo frescor para el alma humana que encuentra su razón de existir.

Creo que la mejor manera de luchar contra la crisis generacional de identidad que vive este mundo es estableciendo las verdades divinas de la Palabra de Dios que traerán claridad y entendimiento de quiénes somos y hacia dónde vamos. El propósito de este libro es establecer con claridad estas verdades que resultarán de bendición para nuestras vidas y para las futuras generaciones.

La iglesia tiene la responsabilidad de salir a la encrucijada que nos está trayendo la historia y levantar los principios firmes dados por Dios para traer luz en medio de las tinieblas. No podemos quedarnos de brazos cruzados ante tales injusticias y mentiras. El pueblo de Dios tiene que levantar la voz en contra de esta locura colectiva que se pretende imponer y que pretende destruir nuestro mundo y las futuras generaciones. Callar y no anunciar la verdad de Dios nos puede llevar a ser cómplices de las mentiras. Este libro pretende ser de ayuda para que pastores y líderes de sus iglesias lo compartan y enseñen en sus congregaciones.

Esta obra surgió como resultado de una serie de sermones acerca de la identidad cristiana que prediqué en Grace Bible Church en Español en Pleasant Hill, California, entre la primavera y el verano de 2024. Quiero agradecer al Pastor José Miguel Martiz, mi suegro, quien tomó tiempo en leer el manuscrito de este libro y hacerme sugerencias certeras. A Rogelio del Río, mi amigo, quien siempre se ha tomado el tiempo de hacer el difícil trabajo de edición. A Rocío del Río que es la que hace maravillas para que el diseño resulte atractivo a la vista.

Prólogo

Si eres cómo yo, no siempre supe que quería ser cuando creciera. Esto es algo que recientemente me fue recordado por mi hija de ocho años cuando me preguntó, "papi, cuando tú tenías ocho años, ¿qué querías ser de grande?" Lo que fueron un par de segundos, los sentí cómo un lapso enorme que revivió sentimientos de confusión, ansiedad, e incertidumbre. No siempre supe *cuál era mi llamado*. En algún momento quería ser doctor médico. En otra etapa quería ser un abogado. Y en otra ocasión, simplemente quería tener un buen trabajo. Hoy, mirando hacía el pasado, observo que la razón por la que no sabia que quería ser, simplemente era porque no sabía quién era realmente. Esto afectó mi caminar como cristiano, las decisiones que tomé y los errores que cometí, incluyendo el falso testimonio que di de Cristo.

Este mismo sentimiento es el que experimentan muchos cristianos hoy en día acerca de su identidad, como tales. La verdad es que muchos viven vidas que son el producto de una sociedad pervertida. Y por esta razón, el cristiano no encuentra la plenitud de gozo que Cristo les da; miran sus vidas y pueden observar la hipocresía en la que viven y cómo no pueden hacer nada al respecto. ¿Quién realmente es el cristiano? ¿Cómo debe y puede vivir en un mundo caído? ¿Dónde debe poner sus afectos de este lado de la eternidad? ¿Cuál es la función que tiene cómo un hijo de Dios en su trabajo, en la escuela, en el matrimonio, en la familia, en la iglesia? ¿Realmente hace una diferencia su vida en el gran plan de Dios? Estas son preguntas que pueden recibir un sinfín de opiniones, que sí no se filtran con la verdad, provocaran confusión, estrés, infelicidad, y finalmente esterilidad en la vida del cristiano.

Imagina, por un momento, que la identidad del cristiano es como un rio de aguas claras, cristalinas fluyendo con vigor. En este rio, el agua representa la verdad de la identidad del cristiano. La sociedad de este siglo está lanzando proyectiles de mentiras como barriles que agitan la tierra haciendo el agua lodosa. Entre más proyectiles son lanzados, lo que una vez fue agua cristalina, ahora es agua densa, haciéndola muy difícil, y casi imposible, de distinguir entre la verdad y la mentira. Para el cristiano genuino y común, a causa de esto, apreciar y entender su identidad puede ser desalentador, perjudicial, y una tarea casi imposible para lograr.

Sin embargo, el cristiano debe recordar que a pesar de lo difícil que pueda ser esto, el agua cristalina – la verdad – aún sigue fluyendo y nada la puede detener. Solamente filtrando el lodo, la gente podrá redescubrir la claridad del rio, el cual permanece siendo la fuente de la vida y la verdad.

A falta de una claridad de identidad, los cristianos viven vidas frustradas, infelices, infértiles y equivocadas. Mira a tu alrededor, en tu ciudad, en tu congregación, en tu misma familia y nota la confusión que nos intenta ahogar en la desesperación. Nuestras familias son disfuncionales porque los padres, que dirigen el barco, no tienen un norte a donde van. Nuestros hijos son adoctrinados con doctrinas demoniacas que les enseñan a rechazar el diseño de Dios y les quieren hacer creer que ellos pueden ser un delfín, sí así lo quieren. Los suicidios se han multiplicado exponencialmente en estos últimos años y acusan a los valores bíblicos y verdad objetiva cómo la causa principal de ello. Y como resultado, muchos de nuestros hijos terminan apostatando, abandonando y blasfemando la fe.

¿Qué se está haciendo al respecto? Muchos prefieren quedarse callados y vivir vidas privadas. La creencia es que sí ellos no se meten con alguien, los demás no se meterán con ellos, "no le piques al avispero para que no te piquen las avispas" es el lema de sus vidas. Por tanto, muy poco, si es que algo, se está haciendo al respecto.

En buena hora, el pastor Raymundo Estenoz, por amor al rebaño, con un corazón piadoso y cautivado por la gloria de Dios, aborda este gran problema que atenta contra la identidad del cristiano. El libro que tienes en tus manos es una herramienta, un filtro que remueve el lodo de las mentiras que se han dicho. Dicen que la herramienta hace la diferencia para lograr un muy buen trabajo. El Dr. Estenoz trae años de estudio académico acerca de la antropología bíblica y aborda los temas de una manera sencilla, practica y pastoral con la autoridad y suficiencia de las Escrituras. Así como un cirujano opera un cáncer, el Dr. Estenoz trabaja con precisión para exponer y extirpar el cáncer de las mentiras del mundo, y aplica con cuidado la medicina que sana el alma para la gloria de Dios.

Este no es un libro que ha sido escrito para embellecer el librero de tu biblioteca personal. Este es un libro que querrás y podrás llevar contigo a todos lados, como una herramienta multi-uso. Su contenido lo puedes llevar al púlpito, a la reunión de devoción familiar, al tiempo privado de estudio personal, a la clase de escuela dominical o al discipulado.

Es mi oración que Dios use este libro para disipar las mentiras y la confusión en la que ha resultado; que Su pueblo sea edificado y Cristo sea exaltado, para la gloria del Padre, en esta generación y las que siguen, hasta que Él vuelva por su esposa.

Arturo F. Solorzano
Pastor-Maestro | Iglesia Bíblica Calvario de Napa | Napa, CA
10 Septiembre 2024

Capítulo 1
Criaturas de Dios

"Sepan que el Señor es Dios; Él nos hizo y no nosotros
a nosotros mismos" — Salmo 100:3

Existen libros que nos marcan la vida, que llegan a nosotros como buenos amigos para enseñarnos verdades imprescindibles para nuestra existencia. Uno de estos libros, que recuerdo con gran cariño y muchas de cuyas verdades guardo en mi mente y corazón, es "Conociendo a Dios", de J.I. Packer.

Este libro llegó a mis manos mientras me formaba académicamente en el Seminario Bautista de La Habana en 1996. En ese entonces, mis conocimientos sobre teología eran incipientes y estaba aprendiendo verdades que me acompañarían toda la vida. Recuerdo que este libro llegó a mis manos de manera accidental y comencé a leerlo. Una de sus citas que me cautivó es una en la que Packer hace referencia a un sermón de Charles Spurgeon:

"El que a menudo piensa en Dios tendrá una mente más grande que el hombre que simplemente camina alrededor de este globo estrecho... El estudio más excelente para expandir el alma es la ciencia de Cristo y de Él crucificado y el conocimiento de la Trinidad en la gloriosa Trinidad. Nada agrandará tanto la inteligencia, nada magnifica toda el alma del hombre, como una investigación devota, sincera y continua sobre el gran tema de la Deidad". [6]

---

[6] Packer, J. I. (1997). *Conociendo a Dios.* P. 11-12. UNILIT. Miami.

Es precisamente refiriéndonos a Dios que comenzaremos nuestro viaje en busca de nuestra identidad como seres humanos. Es en Dios donde se encuentra el principio y la razón de nuestra identidad, y no en nosotros mismos. Necesitamos desesperadamente despejar las tinieblas que se han acumulado en nuestros pensamientos y comenzar a ver el cielo glorioso de lo divino. De esta manera, la luz brillará y comenzaremos la aventura de comprender quiénes somos y por qué existimos en este mundo.

FUIMOS CREADOS POR DIOS

La primera afirmación que hace la Biblia sobre el ser humano es que fue creado por Dios. Génesis lo describe de esta manera: *"Y dijo Dios: 'Hagamos al hombre a Nuestra imagen, conforme a Nuestra semejanza; y ejerza dominio sobre los peces del mar, sobre las aves del cielo, sobre los ganados, sobre toda la tierra, y sobre todo reptil que se arrastra sobre la tierra.' Creó, pues, Dios al hombre a imagen Suya, a imagen de Dios lo creó; varón y hembra los creó"* (Gn. 1:26-27). [7]

El autor intelectual y el ejecutor material de la existencia del ser humano es Dios. El que formó al hombre del polvo y le sopló aliento de vida fue Dios (Gn. 2:7). El que lo bendijo fue Dios. El que le dio una misión y propósito en la vida fue Dios. El hombre no puede tener una correcta autopercepción a menos que se conciba como una criatura de Dios.

Para nosotros los cristianos, la existencia de todo lo que hay, sea visible o invisible a nuestros ojos, tiene un origen que se encuentra en Dios. Dios es el creador de los cielos y la tierra y toda existencia de otro ser o realidad es obra de Él. Nada hay que no haya sido creado por Él y para Él. Si queremos hablar de nuestra identidad, tenemos que comenzar con nuestro Creador.

Nosotros, los seres humanos, no somos producto de un proceso que duró miles de millones de años, sino de una decisión y acción soberana e intencional ejecutada por Dios. Somos la obra maestra de Dios, no somos el producto de reacciones químicas y procesos evolutivos. En la medida que comprendamos que somos parte del diseño divino,

---

[7] Todas las citas de la Biblia que serán utilizadas provienen de la Nueva Biblia de Las Américas. De utilizarse otra versión será especificado.

las piezas del rompecabezas de nuestra identidad comenzarán a encontrar su posición.

En la existencia del ser humano se persigue la idea de buscar la identidad desconectada de la realidad de que tenemos un Creador y que somos una obra Suya. Cuando este error persiste en la forma en que concebimos nuestra existencia, corremos el peligro real de crearnos una errada autopercepción de quiénes somos.

El hombre no puede tener una correcta autopercepción a menos que se conciba como una criatura de Dios

Creo que el punto de partida para comprender nuestra identidad es que fuimos creados por Dios. Cuando reconocemos que somos criaturas de Dios, esto nos pone en una correcta perspectiva ante la vida. Entonces comprendemos que no somos una construcción cultural ni por otros elementos externos que condicionan y determinan nuestra autopercepción.

El gran problema de la ideología de género, como otras a través de la historia, radica en el error de desligar toda existencia del ser humano de su Creador. Al ocurrir esta desconexión aberrante e intencional se desconecta al ser humano de su realidad biológica y de sus funciones en este mundo, quedando a merced de sus pasiones y locuras.

Hoy en día, los jóvenes que tenemos en nuestras iglesias y que asisten a escuelas públicas en muchos países donde sus gobiernos se reconocen como progresistas, están siendo adoctrinados con la ideología de género. Y esto no es solo un problema de algunos países, sino que es un movimiento global que está siendo impulsado por organismos internacionales como la Organización de las Naciones Unidas (ONU) y algunas ONG que invierten muchos recursos para que esta agenda avance.

Muchos de nuestros hijos llegarán a nuestras casas con la pregunta: Papá y mamá, ¿cómo me autopercibo? Es en este punto cuando tenemos que preguntarles: ¿Te has preguntado cómo te percibe Dios?

Y puedes añadir: Antes que todo, hijo, es importante que entiendas que tú eres criatura de Dios. Porque la opinión de Dios sobre tu identidad tiene más peso que la tuya o la de cualquier otra persona. Dios te ve como Su criatura y tú debes ver a Dios como tu creador. Tu identidad depende de que Dios te ha creado y no de cómo tú te autopercibas en los términos que la ideología de género te quiera imponer. No olvides lo que el Salmo 100:3 dice: *"Sepan que el Señor es Dios; Él nos hizo y no nosotros a nosotros mismos"*. Te afirmo lo que dice la Palabra de Dios: somos criaturas de Dios.

FUIMOS CREADOS DE UNA MANERA DIFERENTE

Cuando Dios nos creó lo hizo de una manera especial y diferente. Cuando creó los peces del mar, las aves del cielo y los animales del campo lo hizo a través de medios como el agua y la tierra (ver Gn. 1:20, 24). En cambio, cuando creó al ser humano lo hizo de una manera personal y diferente.

Dios creó al hombre de una manera personal porque el Dios Trino en diálogo decidió actuar directamente en la creación de Su representante en la tierra. Note la decisión que se tomó en el trono de Dios: *"Entonces dijo Dios: Hagamos al hombre"* (Gn. 1:26). Retomando la teología como elemento esencial para evitar las confusiones, lo primero que salta a la luz es el uso de un verbo en la primera persona del plural (nosotros) para referirse a Dios (hagamos- heb. *na·ă·śeh*). Es interesante que verbos en plural para referirse a la acción de Dios son usados en otros pasajes (Gn. 3:22, 11:7, Is. 6:8).

La interpretación tradicional cristiana ha sugerido que el uso de esta pluralidad es una indicación primaria a la doctrina de la Trinidad que encontramos en la Biblia, donde, además de la persona del Padre, se les dan poderes creativos y se les describe participando en este acto a la persona del Hijo (Jn. 1:3, Ef. 3:9, Col. 1:16, Heb. 1:2) y a la persona del Espíritu Santo (Gn. 1:2, Job. 33:4, Sal. 104:30).

Retomando la decisión de la Trinidad divina, no ocurrió este diálogo con otros seres creados, y la razón es que el ser humano sería creado a la imagen y semejanza de Dios. Ninguno de los seres creados que habitan en este mundo hecho por Dios llevan este sello divino. Solo los seres humanos somos un diseño exclusivo porque llevamos impregnada la imagen de Dios.

Tener la imagen de Dios no significa que Dios tenga nuestra anatomía. Más bien, implica tres aspectos importantes según el contexto. Primero, el hombre es el representante de Dios en toda la creación. Únicamente al hombre (varón y hembra) se le da autoridad sobre todo lo creado (señoree, Gn. 1:26). El hombre actúa como un virrey o mayordomo de toda la creación.

Segundo, el hombre, al igual que Dios, es el único ser creado que puede entrar en relación con Dios, con otros congéneres y con lo creado. Solo el hombre tiene esta capacidad relacional con Dios; por eso es Su representante en la tierra y puede gobernar sobre lo creado.

Tercero, el hombre es el único ser creado que puede reflejar en su vida atributos que solo pertenecen a Dios. El hombre es imagen de Dios en la medida en que refleja estos atributos que ningún otro ser creado puede mostrar. Pablo, arrojando luz sobre esta verdad, dice que el hombre redimido en Cristo, que es lo más cercano al ser humano no caído, puede representar atributos como justicia, santidad, amor, misericordia, benignidad, entre otros (ver Ef. 4:24, Col. 3:12).

Somos, por lo tanto, una creación especial y diferente del resto de la creación. Dios nos capacitó para representarlo en la tierra como varón y hembra, y tenemos la responsabilidad de gobernar la creación. Además, a diferencia del resto de la creación, podemos reflejar en nuestras vidas atributos morales que solo pertenecen a Dios.

> *Solo los seres humanos somos un diseño exclusivo porque llevamos impregnada la imagen de Dios*

¿Puede usted imaginar que terminemos actuando y pretendiendo ser como los animales cuando Dios nos hizo de manera diferente? ¿Puede usted imaginar ser gobernados por las pasiones más animales cuando Dios nos hizo para reflejar Su carácter en nuestras vidas? ¿Puede usted negar la naturaleza física que Dios ha puesto en usted como varón o hembra para que procreáramos y señoreáramos sobre la tierra? ¡Por supuesto que no! Pero, tristemente, debido a la rebeldía contra Dios, hemos dañado nuestra identidad actuando irracionalmente.

Dios no nos creó para que nos autorecreemos, autopercibiéndonos de manera diferente a como Él nos diseñó. Dios nos creó para que fuésemos su imagen y semejanza y los virreyes de este mundo. Es un acto de soberbia para el ser humano renunciar a este diseño divino y, por supuesto, este será un experimento con terribles consecuencias. No se puede esperar nada bueno de alguien que renuncia a su Creador y a su identidad, y termina arrastrándose por sus placeres, auto-mutilándose los genitales, pareciéndose a un animal, o aspirando a ser una especie superior. Este delirio de locura es el camino que el ser humano sigue en su existencia porque se ha olvidado de su Creador.

Cuando renuncias a la identidad especial y exclusiva que Dios creó en tu vida, quedas expuesto a cualquier locura de moda y comienzas el inevitable camino hacia la deshumanización. En este camino, puedes caer en prácticas que deterioran tu dignidad y terminar autodestruyéndote. La realidad es que quien busca el placer como estilo de vida termina tirado en el callejón del dolor. La muerte de la dignidad humana comienza con el rechazo de Dios. Nadie puede sobrevivir sin Él.

> *Dios no nos creó para que nos autorecreemos, autopercibiéndonos de manera diferente a como Él nos diseñó*

Fue triste ver que, en 2017, la famosa revista National Geographic sacara en su portada a un niño de 9 años que había sido inducido a renunciar a su identidad masculina y pasó a percibirse como una niña. El tema de esa edición fue "Revolución de Género". La propuesta de ellos no era un avance para la humanidad, sino una perversión por parte de los adultos con sus mentes corrompidas hacia la generación más joven.

FUIMOS CREADOS PARA SER BENDECIDOS

Cuando Dios nos creó, no lo hizo para que nos autodestruyéramos; Él nos creó para bendecirnos. La primera palabra que Dios le dedicó a la humanidad fue una palabra de bendición: "Y los bendijo Dios" (Gn. 1:28). Esta bendición que Dios le dio al ser humano expresaba que había sido creado bueno en gran manera (Gn. 1:31). El ser humano es la corona de la creación divina. Nada ni nadie que vivía en esta creación tenía tal aprobación venida del cielo. Además, es a través de esta bendición que el hombre tenía todo lo que necesitaba para que cumpliera el propósito para el que fue diseñado.

La bendición de Dios es aprobación y es beneficio para la humanidad. El relato de Génesis 1 y 2 nos confirma esta idea. Es en el ambiente de la bendición de Dios donde el hombre necesita y anhela vivir en esta creación. Pero somos conscientes de que esto no fue ni es así.

El ser humano no soporta vivir bajo la autoridad divina y se rebela en contra de Dios. El hombre rechaza las reglas establecidas por Dios y pretende crear las suyas, actuando con pretensión y arrogancia. Es como si le dijera a Dios: No me importa tu bendición, ni tu gobierno, y voy a intentar hacerme mi propia vida con mis propios recursos y de acuerdo con mis propios deseos.

Las consecuencias de este acto masivo de presunción y rebeldía no se hacen esperar. El hombre pasa de estar en un ambiente de bendición a un lugar de juicio, siempre expuesto a la ira del Dios justo. Pablo dice que en nuestra condición caída somos por naturaleza hijos de ira (Ef. 2:3, Col. 3:6).

¿Se ha percatado usted que nuestra caída ha sido desde estar bajo una posición de bendición a estar en una de juicio, expuestos a la ira de Dios? Es triste que en este andar errante y maltrecho el ser humano ha caído tan bajo que niega a su Creador y trata de construirse una autoimagen contra natura.

Lo más triste de todo esto es que este desastre se ha convertido en una agenda política y bandera de muchos gobiernos y partidos. Ellos tratan de robarle la mente a nuestros hijos y pervertir los valores más esenciales de los seres humanos. Es como si ir en contra de la familia y de los valores que han edificado a humanidad se haya puesto de moda.

¿Podrá alguien revertir esta situación? ¿Habrá esperanza para esta humanidad que se muestra comprometida con su autodestrucción? La respuesta es afirmativa. Para nosotros los cristianos, la esperanza tiene un nombre: Jesucristo. Su obra en la cruz del Calvario por nosotros revierte la condición caída del ser humano y nos vuelve a poner en una condición de bendición. Lo que parecía perdido, ahora se ha salvado por la gracia, el amor, la bondad y la misericordia de Dios (Ef. 2:4-10). Dios interviene en la historia para traer salvación a pesar de que el hombre se quiere autodestruir. Es en Cristo que Dios restituye al ser humano a la total dignidad que tuvo antes de su caída (2 Co. 5:17).

Es en Cristo que Dios restituye al ser humano a la total dignidad que tuvo antes de su caída

Es Dios quien, a través de la obra de Cristo y por medio del Espíritu Santo, trae al ser humano pecador al arrepentimiento y a la fe. Es Dios quien nos pone en Cristo en una nueva posición de bendición y nos saca de estar debajo de Su ira. Sí, es Dios quien por el gran amor con el que nos ama (Ef. 2:4), aunque nosotros estábamos muertos espiritualmente, nos bendijo con la vida y nos ha puesto nuevamente en la esfera de Su bendición. ¡A Él sea la gloria!

Tuve la oportunidad de ver el testimonio de un hombre que trató de cambiar su género sexual. Su nombre es Diego Torres[8], uruguayo de nacionalidad y actualmente abogado. Él compartió que fue abusado sexualmente en su niñez y que le desencadenó un trauma en su vida que le llevó a despreciar su identidad de hombre. Esto lo llevó a buscar en el mundo homosexual y luego transexual valor y sentido para su vida. Las consecuencias de su nefasta conducta convirtieron su vida en un desastre, donde estuvo en peligro de muerte. Luego de una experiencia cercana a la muerte, este joven tuvo su experiencia personal con Jesucristo y esto cambió su vida para siempre. Hoy es un defensor de la niñez y afirma los valores del diseño de Dios para el hombre y la mujer y se opone a la ideología de género que trata de destruir a la humanidad.

¿Quién hizo posible que un hombre que renunció a su identidad de hombre y tomaba hormonas para desarrollar características femeninas en su cuerpo, cambiara de idea? ¿Quién hizo que un defensor de la ideología de desgénero[9] se convirtiera en alguien que defienda los valores de la familia que Dios creó? Somos conscientes de que solo Dios puede lograr tal milagro por medio del evangelio de Cristo.

FUIMOS CREADOS PARA LA GLORIA DE DIOS

Un aporte exclusivo del mensaje de la Biblia al ser humano es que le provee una razón para su existencia en este mundo terrenal. En los debates entre cristianos, ateos y gnósticos, cuando se llega al punto de la razón de la existencia, tanto ateos como gnósticos carecen de argumentos sólidos para explicarlo.

Es muy conocida la cita del filósofo ateo Bertrand Russell en su carta a Hugh Moorhead el 10 de enero de 1952. Moorhead, entonces pro-

---

[8] Ver testimonio de Diego Torres en: El Patriota, @elpatriota491. Publicado el 11 de dic. de 2018 https://www.bing.com/videos/search?q=Transexual+arrepentido&&view=detail&mid=-1B20429649E3244DFF661B20429649E3244DFF66&&FORM=VRDGAR
[9] Permítame llamarle así, porque es más degenerar el modelo de Dios para traer otro género.

fesor de filosofía en la Universidad Northeastern de Illinois, había enviado libros a varios autores, incluido Russell, pidiéndoles que los autografiaran y respondieran a la pregunta: "¿Cuál es el significado o propósito de la vida?". Russell respondió: "Gracias por tu carta. Adjunto el libro de Leibniz, pero no he escrito nada sobre 'El significado o propósito de la vida'. A menos que asumas la existencia de un Dios, la pregunta carece de sentido y, como Laplace dijo: No necesito esa hipótesis (*je n'ai pas besoin de cette hypothèse*).[10]

> *Un aporte exclusivo del mensaje de la Biblia al ser humano es que le provee una razón para su existencia en este mundo terrenal*

Aunque Russell, desde su concepción atea, no necesitaba esa hipótesis para darle respuesta y sentido a la existencia del ser humano, tampoco podía evadirla. Nada tiene sentido en la vida a menos que te encuentres con tu Dios creador y redentor. Esta es la cuestión más importante de nuestra existencia. Pablo afirma de manera clara y precisa: "todo fue creado por medio de Él y para Él" (Col. 1:16). Fuiste creado por Dios y para Dios, y hasta que no entiendas esta sublime verdad, tu vida no tendrá sentido alguno.

Comprender el propósito de nuestra existencia es comenzar a forjar nuestra identidad según lo que Dios, nuestro creador y dueño, ha diseñado para nosotros. Nada en este cosmos y en la existencia del ser humano tiene sentido a menos que nos encontremos con quien le da sentido a todo: Dios.

Nuestro Dios ha creado todas las cosas que existen en los cielos y en la tierra para que le den la gloria. ¿Y qué significa darle la gloria a Dios? Darle la gloria a Dios es cumplir con el propósito para el que hemos sido creados. Nuestras acciones en la vida y nuestras motivaciones deben tener como principal objetivo agradarle a Él (1 Co. 10:31).

El desprecio del ser humano por la gloria de Dios lo conduce inevitablemente a la idolatría (Ro. 1:23-24). El abandono de Dios por parte del hombre no es progreso, sino destrucción y caos. Este camino viene acompañado de una espiral de autodestrucción que corrompe su

---

[10] Bertrand Russell, citado en Rick Warren, *The Purpose-Driven Life* (Grand Rapids: Zondervan, 2002), p. 17.

identidad. La homosexualidad y otras prácticas éticas que promueven injusticias, desprecio y maltrato del prójimo terminan siendo el estilo de vida a seguir. En este punto, el juicio de Dios está a la puerta (Ro. 1:25-32).

Es interesante que la descripción del ser humano que hacía Pablo en su Carta a los Romanos, desde la perspectiva cristiana, es la del hombre pagano de su tiempo. Este retrato es muy similar al hombre de hoy. Es evidente que las desgracias por dejar la gloria de Dios se repiten en cada generación con los mismos patrones. Y hoy, con la tendencia creciente de arrancar los valores cristianos de la sociedad y volver a un mundo pagano, estas calamidades están de moda.

El gran problema de los que quieren crear otra identidad para el ser humano es que pretenden hacerlo alejándose de Dios o utilizándolo para justificar sus propias pasiones. En sus mentes no cabe el diseño divino para la creación ni la soberanía divina sobre todas las cosas. Para ellos, la gloria que importa es la de sus propios vientres, y Dios es tratado como alguien ajeno o como alguien que debe colaborar en el logro de sus aberrantes pasiones.

Este es el "dios" del hombre de hoy: El "dios ausente" o el "dios asistente". O bien niegan su existencia, o terminan usándolo para alcanzar sus propios placeres, al puro estilo de los dioses del mundo greco-romano. Esta concepción absurda y sin sentido acerca de Dios pone al hombre en una condición espiritual deplorable, sin propósito en la vida y sujeto a sus más bajas pasiones.

Pero necesitamos volver al camino de la gloria de Dios que nos fue anunciada por Jesucristo. Aquel que está lleno de gloria divina (Heb. 1:3) oraba para que nosotros podamos ver Su gloria (Jn. 17:24) y así cumplir con el gran propósito para el que fuimos creados. Porque, al fin y al cabo: "Porque de Él, y por Él, y para Él son todas las cosas. A Él sea la gloria por los siglos. Amén" (Rm. 11:36).

Hay un camino de regreso para el ser humano que anda perdido y en busca de una identidad para la cual no fue creado. Ese camino de reencuentro con Dios sigue siendo Jesucristo: "Él es el camino, la verdad y la vida" (Jn. 14:6). La realidad es que si desprecias a Jesús inevitablemente seguirás a alguien ciego y, en tal caso, no solo tomarás el mal camino, sino que estás condenado a caer junto con él en el mismo hueco. Así que lo mejor es seguir a la luz de la vida para no seguir en las tinieblas de desconocer tu identidad. Jesús dijo: "El que me sigue no andará en tinieblas, sino que tendrá la luz de la vida" (Jn. 8:12). ¿Seguirás a Jesús para reencontrar tu identidad, o al ciego de moda?

Preguntas para reflexionar

1. ¿Cuál es la primera afirmación que hace la Biblia sobre el ser humano?

2. ¿Qué dice Génesis 1:26-27 sobre la creación del ser humano?

3. ¿Qué rol juega Dios en la existencia del ser humano según el capítulo?

4. ¿Cómo describe el capítulo la importancia de reconocer que fuimos creados por Dios?

5. ¿Qué problema se menciona en el capítulo con respecto a la ideología de género?

6. ¿De qué manera creó Dios al ser humano y cómo difiere de la creación de otros seres vivos?

7. ¿Qué significa ser creado a la imagen de Dios según el contexto del capítulo?

8. ¿Qué responsabilidad tiene el ser humano como creación especial y diferente del resto de la creación?

9. Según el capítulo, ¿qué consecuencias tiene la renuncia del ser humano a su identidad creada por Dios?

10. ¿Cómo puede el ser humano recuperar su identidad y dignidad original?

Capítulo 2

Hombre o Mujer

"Varón y Hembra los creó Dios". — *Génesis 1:27*

Esta historia ocurrió en Madrid en el año 2017[11]. Existe una organización que lucha por los derechos de los niños, conocida como Hazte Oír[12]. Ellos creen en el diseño original de Dios para el hombre y la mujer y luchan en contra de las ideologías de géneros que tratan de imponerle a la niñez en España.

Resulta que Hazte Oír preparó un autobús con una propaganda que decía: "Los niños tienen pene y las niñas vulva. Si naces hombre, eres hombre. Si naces mujer, seguirás siéndolo". Esto, que es una verdad absoluta e innegable, hace 50 años nadie se atrevía ni a negar porque parecía una locura, ni a afirmar porque era algo innecesario. El problema es que esta organización tuvo que enfrentar una serie de demandas legales para que este autobús pudiera circular por las calles de Madrid, ya que muchas personas transgénero se sentían ofendidas por su mensaje.

No puedo imaginar si un autobús con este mensaje en inglés circulara por Castro Street y Market Street hasta la calle N.º 19 en San Francisco,

[11] Ver la noticia en línea: Diario 20minutos. Un bus de Hazte Oír circula con el mensaje 'Los niños tienen pene. Las niñas tienen vulva'. Publicado el 27.02.2017. *https://www.20minutos.es/noticia/2971452/0/arcopoli-estudia-denunciar-hazte-oir-por-su-autobus-contrario-ley-contra-lgtbfobia-comunidad/*

[12] Por favor, no se asuste si trata de indagar sobre esta organización, ya que serán tratados de nazis, ultraderechistas, homófobos y cualquier calificativo despectivo que le quieran apuntar.

una de las capitales homosexuales del mundo. Sinceramente, no creo que correría con una suerte diferente a lo que ocurrió con el autobús en Madrid. A pesar de que en Estados Unidos tenemos una enmienda que garantiza la libertad de expresión, al parecer de la tiranía de la ideología de género nada ni nadie se escapa, ni siquiera la Constitución.

Puede parecer increíble que algo tan simple como lo que estamos exponiendo sea real en el mundo en el que vivimos, pero esta es la locura de turno. La ideología de género, en sus conceptos básicos, trata de separar la sexualidad de la biología. Para ellos, la biología puede ir por un camino diferente a la autopercepción de cada individuo. En su delirio, creen que pueden borrar la identidad genética y biológica de una persona y proponer que sea quien no es.

La realidad es que si eres hombre, aunque no quieras serlo y te mutiles tus genitales, seguirás siéndolo y tendrás que asistir al proctólogo en algún momento de tu vida para revisar tu salud. Y si eres mujer, aunque te disfraces de hombre, tendrás que ir al ginecólogo para revisar tus órganos femeninos. Nadie puede borrar la biología del ser humano por perseguir una pasión sexual, y no resulta sabio negar una realidad para afirmar una mentira.

En este capítulo queremos hacer un breve análisis de la masculinidad y la feminidad del ser humano según lo que la palabra de Dios nos describe. Exploraremos el diseño de cada sexo y la función que se pretende cumplir desde cada uno en particular.

EL GÉNERO SEXUAL FUE DISEÑADO POR DIOS

Cuando la palabra de Dios nos describe al ser humano, lo hace en función de categorías de género: varón (*ish* en hebreo) y hembra (*isha* en hebreo). Esta distinción no es cultural, sino una calificación establecida por Dios. Fue Dios quien diseñó y creó los géneros sexuales, haciendo a los seres humanos varón y hembra. Los creó a su imagen y con igual dignidad, pero también los hizo diferentes en su género. Negar esta realidad no es solo negar una biología imborrable, sino también el diseño de Dios para la humanidad.

En el capítulo 2 de Génesis, de una manera muy pintoresca, se narra cómo la mujer fue creada del hombre mediante una "cirugía divina":

"Entonces el Señor Dios hizo caer un sueño profundo sobre el hombre, y este se quedó dormido; y Dios tomó una de sus costillas y cerró la carne en ese lugar. De la costilla que el Señor Dios había tomado del hombre, formó una mujer y la trajo al hombre. Y el hombre dijo: 'Esta es ahora hueso de mis huesos, y carne de mi carne; ella será llamada Mujer, porque del hombre fue tomada.' Por tanto, el hombre dejará a su padre y a su madre y se unirá a su mujer, y serán una sola carne. Y estaban ambos desnudos, el hombre y su mujer, y no se avergonzaban" (Gn. 2:21-25).

Este relato muestra cómo Dios creó de manera especial a la mujer a partir del hombre y cómo esta es el complemento del hombre en la formación de la primera familia humana. Este hombre (heb. adam) y esta mujer tienen capacidades reproductivas únicas que dieron origen a la raza humana. Adán reconoció esto al nombrar a su mujer Eva (heb. *Kjavvá*), que significa "dadora de vida" o "madre de los seres humanos".

Es interesante que ni siquiera el pecado humano logró borrar las capacidades reproductivas de la pareja ni su identidad de hombre y mujer. En Génesis capítulo 5, cuando se presenta la primera genealogía humana, se ratifica el rol distintivo de los géneros sexuales y la capacidad especial dada por Dios para la reproducción.

Para aquellos que consideran el relato de la creación como un mito o una historia no histórica, resulta que Jesús lo confirmó como un hecho establecido. Cuando Jesús aclaró el significado y valor del matrimonio, regresó a esta historia primigenia para distinguir que únicamente existen dos géneros sexuales para la conformación del matrimonio: hombre y mujer, dando así reconocimiento y autoridad a la historia de la creación. Dijo: "Él, respondiendo, les dijo: ¿No han leído que el que los creó desde el principio, los hizo varón y hembra?" (Mt. 19:4).

Observando estos elementos distintivos de la historia bíblica, podemos afirmar que la identidad de género sexual es un diseño de Dios para la humanidad. Dios diseñó tu género sexual biológico y esto es una realidad que no se puede ignorar ni borrar por un simple capricho. Como cristianos, creemos que Dios creó a un hombre llamado Adán y a una mujer llamada Eva y que no existen más géneros sexuales que los establecidos por Dios. Cualquier negación de esta realidad va en contra de la verdad establecida desde el principio de la creación por el mismo Dios.

La ideología de género, en su discurso, ha intentado desligar el género sexual del elemento biológico. Según sus argumentos sesgados, plantean que el género sexual del ser humano está determinado por la cultura y no por la biología. Al establecer este grado de confusión, el género sexual cae en el campo de la especulación de seres humanos que, con su entendimiento entenebrecido, inventan cualquier mentira para dejarse arrastrar por sus pasiones y justificar sus comportamientos aberrantes.

Dios diseñó tu género sexual biológico y esto es una realidad que no se puede ignorar ni borrar por un simple capricho

Si usted es cristiano, es importante no tener ningún tipo de confusión con su identidad sexual, porque, según lo que creemos por la palabra de Dios, solo existen dos identidades sexuales: varón y hembra. Usted es varón o hembra y nada más.

Un organismo internacional que ha tratado desde el 2008 de imponer la ideología de género como la nueva ideología con la que deben comulgar todos los estados del mundo es la Organización de las Naciones Unidas (ONU). Ellos afirman en sus discursos de "géneros" que existen seis géneros sexuales y añaden el símbolo "+" con la intención de seguir añadiendo géneros.[13]

En otros espacios, los defensores de esta absurda ideología de género afirman que existen 107 géneros sexuales distintos en los que los seres humanos se pueden identificar. Esta clasificación de géneros se actualiza periódicamente, como los sistemas operativos de las computadoras o los antivirus.

Lo cierto es que se podrán inventar otros 100 géneros más, pero la realidad es que el diseño original que Dios puso en el ser humano como varón y hembra nadie lo podrá borrar. Sobre la idea de superar los dos géneros establecidos por Dios, ya escuchamos eso anterior-

---

[13] En el sitio web de la institución puede confirmar la información que compartimos: Naciones Unidas. *https://www.un.org/es/fight-racism/vulnerable-groups/lgbtqi-plus#:~:text=Puedes%20encontrar%20m%C3%A1s%20informaci%C3%B3n%20sobre,para%20disfrutar%20de%20estos%20derechos*. Consultado el 3 de Julio de 2024.

mente en el siglo pasado. Los filósofos presumían que la idea de Dios había quedado superada por sus nuevos presupuestos, pretendiendo que Dios fuera olvidado. Pero lo cierto es que aquí estamos en el siglo XXI hablando de Dios y la fe, y si Cristo no viene antes lo seguiremos haciendo. Tenemos la certeza de que ninguna idea humana y ninguna ideología de turno podrán superar la verdad de Dios para la humanidad (Rm. 3:4, Col. 2:8).

EL GÉNERO SEXUAL FUE DISEÑADO CON UNA BIOLOGÍA ESPECÍFICA

Cuando Dios hace una distinción entre hombre y mujer, o varón y varona (Gn. 1:27) no se trata solo de una simple distinción semántica o nominal de géneros. Esta distinción inevitablemente va acompañada por una biología que muestra las diferencias entre el hombre y la mujer. Aunque la Biblia no pretende ser un libro de biología, sí establece algunas funciones que reflejan estas diferencias biológicas, las cuales son anatómicas y se expresan en los órganos y funciones reproductivas, así como en tareas asignadas a los hombres por su capacidad muscular y física, como el trabajo y la guerra.

En la distinción sexual que Dios puso en el hombre y la mujer encontramos características biológicas, visibles e invisibles

En la distinción sexual que Dios puso en el hombre y la mujer encontramos características biológicas, visibles e invisibles. Ambos son creación de Dios, pero con características específicas. No se necesita ser científico para reconocer señales biológicas visibles diferentes. A continuación, presentamos una lista que no pretende ser exhaustiva pero sí útil:

- Los hombres y las mujeres tienen genitales diferentes.
- Las mujeres tienen un sistema mamario que las distingue de los hombres.
- Las mujeres pueden gestar; los hombres no.
- Los hombres tienen la nuez de Adán[14]; las mujeres no.

---

[14] En algunos países de Centroamérica se reconoce como 'manzana de Adán'.

- Las manos de las mujeres son diferentes a las de los hombres; los hombres tienen el dedo anular más grande que el índice, y las mujeres viceversa.

- Las mujeres tienen períodos de ovulación, menstruación y menopausia; los hombres no.

- Los hombres, por lo general, son más altos que las mujeres.

- Los hombres tienen más masa muscular que las mujeres, y las mujeres tienen más tejido adiposo que los hombres.

- Los dientes de los hombres son más grandes que los de las mujeres.

- La voz de los hombres es más grave y la de las mujeres más aguda.

- Los hombres suelen presentar más vello corporal en el pecho, la espalda y el rostro.

- Las mujeres pestañean más que los hombres.

- Las mujeres y los hombres son diferentes a niveles hormonales; los hombres tienen más testosterona, las mujeres tienen estrógenos y progesterona, y cuando están embarazadas aparece la prolactina.

- La piel de los hombres suele ser más gruesa y húmeda que la de las mujeres.

- El grosor del pelo de los hombres es mayor que el de las mujeres.

- El sistema óseo de los hombres es más pesado que el de las mujeres.

- La pelvis de los hombres es diferente de la de las mujeres.

- Las mujeres tienen ovarios; los hombres, testículo.

- Los hombres y las mujeres son diferentes a niveles genéticos y cromosómicos.

- Los hombres y las mujeres tienen diferencias a niveles cerebrales.

Podríamos seguir describiendo las diferencias biológicas entre un hombre y una mujer. Estas diferencias no se pueden separar de nuestra identidad sexual, ni se pueden borrar de nuestra identidad. Aunque las nuevas ideas traten de separar lo que Dios unió, la biología y el sexo, estas seguirán estando allí.

Tratar de separar la biología del cuerpo humano de su orientación sexual puede resultar en un dualismo que puede ser catastrófico para muchos. Si tienes una biología de la que no puedes desligarte y tratas de mutilarla, caerás en un ciclo de autodestrucción de tu identidad y de tu persona. Algunos llegan a pensar que sus cuerpos son una prisión para su manera de autopercibirse, en vez de reconocer que son sus pensamientos los que están aprisionando a su cuerpo. Lo que deben cambiar es su manera de pensar, no su cuerpo.

A quienes quieren separar la identidad sexual de la biología les sucede como a las autoridades de la iglesia católica con Galileo Galilei. Mientras la iglesia católica imponía su visión geocéntrica del universo, Galileo defendía, en 1633, que la Tierra giraba alrededor del Sol. A pesar de que se vio obligado a renegar de su opinión ante un tribunal de la Santa Inquisición, luego dijo: *Eppur si muove* (y, sin embargo, se mueve). Nadie podía borrar esta realidad de la relación entre la Tierra y el Sol, ni siquiera la Santa Inquisición. De la misma manera, no sucederá con la biología del ser humano y su género sexual, aunque todas las organizaciones humanas y todas las propagandas del mundo traten de separarlas y borrarlas.

Es preocupante que si entras a cualquier buscador de internet la pregunta: "¿Cuáles son las diferencias biológicas entre un hombre y una mujer?", encontrarás una avalancha de información que pretende separar la biología del ser humano de su género sexual. Incluso, encontrarás algunos artículos afirmando que hay hombres que tienen vagina y mujeres que tienen pene. ¿Hasta dónde llegará esta locura humana? ¿Hasta dónde llegará la ceguera humana? Separar nuestra biología de nuestra identidad es como querer separar la rotación de la Tierra del Sol y la Luna: es imposible.

La realidad es que ningún ser humano podrá borrar su identidad biológica, aunque se mutile sus genitales y se llene de hormonas. Cada parte de su cuerpo le gritará que tiene una identidad biológica y sexual

> *La realidad es que ningún ser humano podrá borrar su identidad biológica, aunque se mutile sus genitales y se llene de hormonas*

de la que no podrá separarse por el resto de su vida.

Además, somos conscientes de que ignorar las diferencias biológicas entre un hombre y una mujer puede generar injusticias en distintas áreas de la vida, como el deporte. Este es un problema que se está generando hoy en muchas disciplinas deportivas cuando un hombre compite con una mujer. El hombre, que tiene una anatomía que generalmente le permite ser más fuerte y hábil, se ve en ventaja ante una mujer. Es como si el multicampeón estadounidense Michael Phelps compitiera en una Olimpiada para mujeres en natación porque se identifica como mujer. Por supuesto, esto sería una injusticia.

Entendamos, pues, que Dios fue el que hizo la distinción entre hombre y mujer, y esta es mucho más que nominal, es biológica. El hombre y la mujer tienen biologías diferentes porque no se separa la biología del género.

EL GÉNERO SEXUAL FUE CREADO CON PROPÓSITOS

La identidad sexual que Dios creó en los seres humanos no tiene fines decorativos o nominales; tiene dos propósitos bien claros: la procreación y el establecimiento de la familia como grupo básico para la humanidad.

Sobre el propósito procreativo, después de distinguirlos como varón y hembra, Dios les encarga la siguiente misión: "Fructificad y multiplicaos; llenad la tierra" (Gn. 1:28 RVR[15]). Al crearlos, varón y hembra, puso en sus cuerpos identidades biológicas complementarias para que cumplieran el propósito de procrear, multiplicar descendientes y establecerse en la tierra. En este caso, el hombre no puede reproducirse por sí mismo, ni la mujer por sí misma, no son hermafroditas; ambos necesitan complementarse con el sexo opuesto para que la procreación sea una realidad.

Dios tampoco creó a dos hombres para que se reprodujeran, ni a dos mujeres, porque esto hubiera resultado imposible. La fecundación y

---

[15] A partir de aquí utilizaremos RVR para Reina Valera Revisión 60 (RVR60).

la reproducción para los seres humanos es una bendición divina para la unión entre el hombre y la mujer. Si no se cumple este modelo, se pueden fecundar óvulos en un laboratorio, pero no de la manera natural que Dios concibió.

Después de que el hombre se rebelara contra Dios y la maldad se multiplicara, fue borrado de la faz de la tierra con excepción de Noé y su familia (Gn. 6). A Noé y sus descendientes, después del diluvio, se les da la misma encomienda que recibieron Adán y Eva. Dios no les quitó la posibilidad de reproducirse, a pesar de saber que la maldad persistiría en el hombre (Gn. 8:21). En cambio, los bendijo y les dijo: *"Fructificad y multiplicaos, y llenad la tierra"* (Gn. 9:1 RVR).

Además del propósito primario de la reproducción está el de formar familias. Al unirse el hombre y la mujer de manera independiente de sus progenitores, se crea una familia. Es interesante señalar que aquí se establece un principio sin antecedentes (Gn. 2:22-24). No debemos olvidar que Adán y Eva no tuvieron suegros (algunos consideran esto una ventaja, pero si lo fue, no supieron aprovecharla muy bien).

Dios creó al hombre y a la mujer con propósitos reproductivos y para establecer familias. ¿Pueden reproducirse hombres con hombres o mujeres con mujeres? ¿Pueden formar un núcleo familiar saludable que bendiga a futuras generaciones? ¡No!

Aquellos que rechazan el modelo establecido por Dios tratan de destruir a las poblaciones humanas. Esta desgracia traerá nuevas generaciones que no conocerán los patrones de un hogar saludable con una madre y un padre que los eduquen.

Ignorar los propósitos de los géneros sexuales es comenzar un camino de autodestrucción de la población humana y, por ende, de las familias. Continentes como Europa, donde esta ideología se impone rápidamente, ya pueden dar testimonio de esta realidad.

El escritor y periodista Douglas Murray, en su libro "La extraña muerte de Europa: Identidad, Inmigración, Islam", explica las razones por las que considera que Europa como continente está muriendo. Entre las razones se encuentra la pérdida de sus convicciones cristianas y la reducción de su población originaria. Somos conscientes de que renunciar a la identidad cristiana y a los principios cristianos trae consecuencias. Ningún demógrafo duda, aunque Murray lo esquiva en su libro, que parte de la disminución de esta población se debe al aborto y a la renuncia a cumplir con los propósitos primarios de los sexos: la reproducción y la formación de familias. Nadie puede alterar el diseño que Dios estableció para la humanidad sin sufrir consecuencias. No renunciemos a los propósitos establecidos por Dios para los géneros sexuales.

EL GÉNERO SEXUAL Y SUS ROLES

¿Qué se espera de un hombre y qué se espera de una mujer? Aunque cada cultura define o matiza las expectativas para hombres y mujeres, la Biblia establece los roles básicos por los que deben guiarse en su existencia. Hay dos puntos de vista sobre los roles del hombre y la mujer: el igualitarismo y el complementarismo.

El igualitarismo sostiene que Dios creó a hombres y mujeres como iguales en todos los aspectos. Los igualitaristas dicen que Génesis 1:26-27 no hace distinción entre la mujer y el hombre, ya que ambos están igualmente hechos a imagen de Dios y tienen la misma responsabilidad de gobernar sobre la creación. Por un lado, igualdad de esencia; por el otro, igualdad de función o rol.

El complementarismo, por su parte, sostiene que el hombre y la mujer fueron creados por Dios como iguales en dignidad, valor, esencia y naturaleza humana, pero distintos en sus roles. En Génesis 2, al hombre se le da la responsabilidad de una autoridad amorosa sobre su esposa, además de proveer y cuidar el huerto que se les había dado. La mujer debía ofrecer una ayuda voluntaria, alegre y de obediencia al hombre. Génesis 1:26-27 deja claro que los hombres y las mujeres son igualmente creados a imagen de Dios y, por lo tanto, son igual y completamente humanos. Sin embargo, su humanidad se expresa de manera diferente, en una relación de complementariedad, es decir, sus papeles se complementan entre sí.

El rol del hombre se especifica en la Palabra de Dios de al menos tres maneras básicas: liderar, proveer y cuidar

El rol del hombre se especifica en la Palabra de Dios de al menos tres maneras básicas: liderar, proveer y cuidar. Aunque a ambos se les dio el rol de gobernar sobre la tierra, al hombre se le dio el rol de liderar y guiar a la mujer. Este liderazgo se percibe claramente en Génesis 2:23, cuando la mujer es creada del hombre y él le da nombre, como lo hizo sobre toda la creación. *"Y el hombre dijo: 'Esta es ahora hueso de mis huesos, y carne de mi carne; ella será llamada Mujer, porque del hombre fue tomada".* Después de la caída, es primeramente al hombre a quien Dios llama e interpela por no haberle obedecido (Gn. 3:8-13).

Pablo escribe a la iglesia de Corinto, donde los roles del hombre y la mujer estaban alterados. Su exhortación principal es que los hombres asuman su rol de liderazgo en su familia e iglesia. En su explicación de los roles, establece los argumentos teológicos para afirmar esta verdad: "Pero quiero que sepan que Cristo es la cabeza de todo hombre, y el hombre es la cabeza de la mujer, y Dios es la cabeza de Cristo" (1 Co. 11:3). Luego les dice: *"Porque el hombre no procede de la mujer, sino la mujer del hombre; pues en verdad el hombre no fue creado a causa de la mujer, sino la mujer a causa del hombre"* (1 Co. 11:8-9).

Pablo reconoce el rol que el hombre debe ejercer delante de Dios. El hombre es el líder delante de Dios, de la mujer y de su familia, y se espera que cumpla con este propósito. La identidad sexual asignada por Dios al hombre demanda que él cumpla con la función de ser líder de su familia.

Las responsabilidades de proveer y cuidar están siempre ligadas. Se espera que el hombre provea y cuide de su esposa y su familia. En el huerto del Edén, Adán tenía la responsabilidad de labrar y guardar la tierra para obtener sustento y cuidar lo que Dios le había dado para gobernar. El trabajo de la tierra y su cuidado no fue fruto de la caída del hombre, sino el trabajarla con esfuerzo excesivo para lograr el resultado de su labor (Gn. 3:18-19).

Pablo exhorta al hombre a amar a la mujer como Cristo amó a la iglesia y a amar a la mujer como a su propio cuerpo: *"Porque nadie aborreció jamás su propio cuerpo, sino que lo sustenta y lo cuida, así como también Cristo a la iglesia"* (Ef. 5:29). Pablo quiere que el hombre muestre su amor a su esposa sustentándola y cuidándola, como lo hace con su propio cuerpo y como Cristo lo hace con Su iglesia.

Dios diseñó al hombre para proveer liderazgo, sustento y cuidado a su esposa y familia. La esposa espera tener un hombre al que seguir, bajo cuya provisión y cuidado pueda estar. El hombre cristiano que no cumple con su rol está negando el valor de su fe y resulta peor que un incrédulo (1 Ti. 5:8).

El rol de la mujer es ser ayuda idónea, estar bajo el liderazgo de su marido y cuidar de sus hijos. En el relato de Génesis se presenta a la mujer como la ayuda idónea (*ezer*) que el hombre necesita. Ella es la providencia de Dios para el hombre en la creación. Este rol que la mujer ejerce no es menos importante, ya que, en el Antiguo Testamento, Dios mismo es reconocido como la ayuda idónea del hombre. El profeta Samuel proclama Eben-ezer, que significa "hasta aquí nos ayudó el Señor" (1 S. 7:12). La mujer es, en cierto sentido, para el hombre lo que es Dios en su relación con este, una ayuda para la vida.

El rol de la mujer es ser ayuda idónea, estar bajo el liderazgo de su marido y cuidar de sus hijos

El rol de ser ayuda idónea se cumple bajo la autoridad del Señor, poniendo a la mujer bajo la guía y autoridad de su marido. Una mujer que desea cumplir con el rol que Dios le ha dado debe someterse a la autoridad de su esposo, como lo hace con el Señor (Ef. 5:22). Dios la diseñó para ser guiada, no para guiar. Dios la diseñó para someterse al hombre con gozo y no para gobernarlo. Esto no es servilismo ni esclavitud, es señal de fe, obediencia y humildad porque cumple lo que Dios ha diseñado para ella. La mujer encuentra descanso cuando se somete a vivir bajo la autoridad de Dios y su marido.

La mujer fue diseñada para ser madre, dar vida, amamantar, criar, nutrir y cuidar de sus hijos, no para asumir otros roles que le impidan cumplir con este propósito. A medida que la mujer ha ido olvidando su rol complementario de ser madre, ha quedado expuesta a múltiples frustraciones, lo que a menudo resulta en hogares disfuncionales.

La iglesia de Éfeso tenía un problema similar a la de Corinto. Pablo debe poner en orden el rol del hombre y de la mujer, debido a que Éfeso era una ciudad guiada por una deidad femenina. Esta cosmovisión afectaba directamente el rol que ejercía la mujer dentro de la iglesia. Esta es la razón de la exhortación en 1 Timoteo 2:15: *"Pero se salvará engendrando hijos, si permanece en fe, amor y santidad, con modestia"*. Esto puede interpretarse como la restauración de la mujer a su función original y, a su vez, como su salvación (no soteriológica) de asumir un rol de liderazgo que no debe en el matrimonio y el hogar. De esta manera se entiende mejor la exhortación dentro del contexto de la carta.

La masculinidad y la feminidad se viven en el cumplimiento de nuestros roles en este mundo. En la formación de nuestra identidad es necesario identificarnos como varón o hembra de acuerdo con nuestra biología, pero también es crucial entender el rol que tenemos en la creación. El varón debe vivir su masculinidad y la mujer su feminidad según los roles que Dios les ha asignado.

La distinción entre sexos se vive más allá de lo biológico, porque no somos animales; somos seres humanos a quienes Dios ha dado diferentes roles en la familia. La falta de educación sobre estos roles a los hijos está dañando el futuro de la familia. En las escuelas están más interesados en enseñar la ideología de género y la igualdad de géneros, que en explicar las responsabilidades y roles ante la vida.

La humanidad ha pasado de ejercer mal los roles que corresponden al hombre y la mujer, a tratar de borrar su identidad y crear otra en contra de la establecida por Dios. Si ahora estamos en Cristo sería bueno que cada uno de nosotros, que tenemos familia, nos examinemos para ver si estamos cumpliendo con los roles que Dios nos ha asignado. Además, debemos ser responsables de enseñar a nuestros hijos los roles que Dios les ha dado.

Creo firmemente que una de las mejores formas de ayudar a nuestros hijos y a las futuras generaciones a formar una identidad saludable es ejercer bien nuestros roles en el hogar. Si quieres que tus hijos tengan una masculinidad saludable, padre, sé ejemplo para ellos. Si quieres que tu hija sea femenina, madre, sé ejemplo para ella. Tristemente, cuando estos roles no se cumplen bien, las consecuencias se hacen evidentes en las futuras generaciones. Ejercer los roles que Dios nos ha asignado es esencial para forjar una identidad saludable.

> *La masculinidad y la feminidad se viven en el cumplimiento de nuestros roles en este mundo*

VARÓN O MUJER

Fuimos creados como varón o mujer. ¿Alguna vez le has dado gracias a Dios por haberte hecho como eres? Varón, si eres hombre; hembra, si eres mujer.

Sabemos que, al alejarse de Dios, el hombre puede confundir su identidad sexual, biológica y los roles que se le han asignado en este mundo. Pero también reconocemos que hay esperanza a través del evangelio de Cristo para que esta identidad sea restablecida. A través de la fe en el evangelio de Cristo se puede restablecer en nosotros la identidad que el pecado destruyó.

Jackie Hill Perry, quien fue activamente homosexual en su vida pasada, cuenta su experiencia como mujer lesbiana y cómo fue rescatada a través de la fe en Cristo. Ella ha escrito una carta abierta para las mujeres homosexuales en la que comparte esta excelente invitación para quienes necesitan reorientar su vida y encontrarse con Jesús.

"Tú fuiste hecha para Él (Ro. 11:36). Él es en definitiva todo lo que necesitas. Él es bueno y sabio (Sal. 145:9). Él es la fuente de toda consolación (2 Co. 1:3). Él es amable y paciente (2 P. 3:9). Él es justo y fiel (Sal. 33:4). Él es santo y justo (1 Jn 1:9). Él es nuestro verdadero Rey (Sal. 47:7). Él es nuestro Salvador (Jud. 1:25). Y Él te está invitando a ser no solo su sierva, sino también su amiga. Si el amor duradero es lo que estás buscando en cualquier otro sitio, estás persiguiendo el viento, en busca de lo que nunca encontrarás, poco a poco siendo destruida por tu búsqueda.

Pero en Jesús, hay plenitud de gozo. En Jesús, hay una relación que vale todo, porque Él lo es todo. Corre hacia Él". [16]

Cualquiera que sea tu conducta y orientación sexual, siempre es una bendición que busques de Cristo para que entiendas tu identidad sexual y cumplas con los roles que Dios te ha asignado. Dios nos ha creado varón o mujer para que vivamos para Su gloria.

Preguntas para reflexionar

1. ¿Qué significa la frase "Varón y Hembra los creó Dios"?

2. ¿Qué términos hebreos se utilizan para referirse a 'varón' y 'hembra'?

3. ¿Cuál es el diseño original de Dios para los géneros según el capítulo?

---

[16] Hill Perry. *Love Letter to a Lesbian. https://www.desiringgod.org/articles/love-letter-to-a-lesbian.* Consultado el 20 de Julio de 2024.

4. ¿Cuál es el argumento principal de la ideología de género según el capítulo?

5. ¿Por qué es importante reconocer el diseño biológico de los géneros según el autor?

6. ¿Qué proceso se describe en el capítulo como una 'cirugía divina' realizada por Dios?

7. ¿Qué institución divina se fundamenta en la complementariedad entre varón y hembra según el capítulo?

8. ¿Qué se entiende por complementarismo?

9. ¿Qué se menciona sobre la unión y propósito de la pareja en la creación?

10. ¿Qué importancia tiene el diseño divino de la sexualidad para la identidad humana según el capítulo?

Capítulo 3
Hijos de Dios

"Mirad cuál amor nos ha dado el Padre,
para que seamos llamados hijos de Dios". — *1 Juan 3:1*[17]

El camino de la búsqueda y el reconocimiento de nuestra identidad es fundamental. Uno de los títulos más sublimes y relevantes que puede recibir cualquier ser humano es ser llamado hijo de Dios. Este título es una evidencia palpable del amor profundo e incondicional de Dios hacia los seres humanos y es una de las formas preferidas de llamar a los cristianos en el Nuevo Testamento.

Nuestra identidad en Cristo va más allá de nuestra naturaleza biológica y nuestro cuerpo material. Estamos diseñados para tener una relación con Dios, similar a la de un padre con su hijo. Si eres cristiano, debes tener la certeza de que eres un hijo de Dios, porque esta verdad siempre está siendo puesta a prueba. ¿Cuántas veces te has preguntado si realmente eres hijo de Dios? ¿Has dudado alguna vez del amor de tu Padre celestial?

Una de las historias más impactantes de los evangelios es la de Jesús enfrentando a Satanás en el desierto. Jesús pasó cuarenta días en el desierto, dedicado a la oración y al ayuno, antes de comenzar Su ministerio público. Fue en aquel desierto de Judea donde nuestro Señor comenzó a mostrar la derrota del enemigo de nuestras almas.

---

[17] Texto de RVR60

En esta encarnizada batalla espiritual, el diablo usó todas sus astutas artimañas para poner a prueba a Jesús, pero cada una de sus flechas de mentiras erraron el blanco. El que venció al primer hombre en el huerto del Edén fue derrotado por el Hijo del Hombre en el desierto. El especialista en engaño quedó en evidencia ante la verdad hecha carne.

Las dos primeras tentaciones que el maligno le dedicó a Jesús apuntaron directamente a Su identidad: "Si eres Hijo de Dios" (Mt. 4:3, 6). El hecho de que la identidad de Jesús fuera probada en cada tentación muestra cómo el padre de la mentira apunta a esta área personal de los hijos de Dios. Satanás pretende hacernos dudar de nuestra relación con nuestro Padre celestial y de nuestra identidad como Sus hijos. Y esto lo suele hacer de diferentes maneras y con insistencia.

Nuestro Padre celestial quiere que recordemos constantemente todo lo que ha hecho por nosotros para asegurar nuestra identidad como Sus hijos

Seamos sobrios y conscientes de que si la identidad del Mesías Salvador fue puesta a prueba, la nuestra también lo será. Debemos estar listos para enfrentar esta tentación. Nuestro Padre celestial quiere que recordemos constantemente todo lo que ha hecho por nosotros para asegurar nuestra identidad como Sus hijos. Dedicaremos espacio en este capítulo para hablar acerca de nuestra identidad como hijos de Dios.

HIJOS POR CREACIÓN

Una de las metáforas más hermosas que encontramos en la Biblia es la de Dios como Padre. Todo ser humano tiene un padre y una madre que participaron activamente en su procreación. Además, tenemos a un Dios que es Padre de todo lo creado, quien nos proveyó de características y condiciones específicas que nos permiten reproducirnos. Así, aunque tenemos padres terrenales, también podemos considerarnos hijos de nuestro Padre Dios por creación.

La paternidad de Dios está primeramente conectada con la creación de la vida. Los autores bíblicos describen a Dios como el Padre de la humanidad. El profeta Isaías describió a Dios como el alfarero que nos moldeó: *"Pero ahora, oh Señor, Tú eres nuestro Padre; nosotros somos el barro, y Tú nuestro alfarero; todos nosotros somos la obra de Tu mano"* (Is. 64:8). El profeta Malaquías confrontaba a los que regresaron del exilio diciendo: *"¿No tenemos todos un mismo Padre? ¿No nos ha creado un mismo Dios?"* (Mal. 2:10).

Pablo afirmó en el areópago de Atenas que el Dios creador: *"Y de uno hizo todas las naciones del mundo para que habitaran sobre toda la faz de la tierra"...* (Hch. 17:26). A los de Corinto, interesados en la sabiduría de este mundo, les decía que tenemos *"un solo Dios, el Padre, de quien todo procede y para el cual vivimos"* (1 Co. 8:6).

Los primeros credos cristianos comenzaban con la afirmación: *"Creemos en un solo Dios, Padre todopoderoso, Creador del cielo y de la tierra, de todo lo visible e invisible"* [18]. La conexión entre la paternidad y el origen explica por qué tanto el Credo de los Apóstoles como el Credo de Nicea afirman que creen en Dios como "creador del cielo y la tierra". Estas afirmaciones querían dejar en claro que todo, tanto lo visible como lo invisible, se origina en nuestro Padre celestial y no accidentalmente, implicando que todos los seres humanos tenemos un Padre Creador.

Como vimos desde el primer capítulo, el ser humano está ligado desde su origen con el Dios creador de los cielos y de la tierra. Esto implica que, aunque no queramos, estamos viviendo en un mundo que no creamos y bajo la autoridad final de Dios, aunque no nos sometamos a Él.

Pablo enfatizó, en su discurso en Atenas, que nuestro Padre Dios facilitó todas las cosas *"Y de uno hizo todas las naciones del mundo para que habitaran sobre toda la faz de la tierra, habiendo determinado sus tiempos señalados y los límites de su habitación, para que buscaran a Dios, si acaso, tanteando, lo hallen, aunque no está lejos de ninguno de nosotros; porque en Él vivimos, nos movemos y existimos, como algunos de sus propios poetas han dicho: 'Porque también nosotros somos linaje suyo"* [19] (Hch. 17:26-28).

Pablo destacó que, como seres humanos que habitamos en esta creación, estamos bajo un orden y límites establecidos por el Dios Creador. Estos límites están establecidos para que busquemos a Dios,

---

[18] Ver el Credo Niceno y el Apostólico.
[19] RVR60

quien no está lejos de nosotros porque es omnipresente, y porque existimos por Él y para Él.

Al citar el poema "Los fenómenos de Arato", Pablo aprobó esta verdad transmitida en la cultura griega. Además, como seres creados, afirmó que el ser humano no puede olvidar que es linaje de Dios. El término linaje (gr. *génos*) se puede traducir como familia o descendencia. Así, estamos ligados a Dios de una manera indisoluble, aunque rechacemos o no queramos reconocer esta realidad.

La paternidad de Dios por creación no se podrá borrar del ser humano en este mundo ni en el venidero. En esta vida, si no regresamos a nuestro Padre, nuestra existencia carecerá del propósito más necesario y sublime. En la vida venidera, todos tendremos que dar cuenta a nuestro Padre celestial. Ninguna criatura creada escapará a esta realidad, y menos nosotros los seres humanos.

> *La paternidad de Dios por creación no se podrá borrar del ser humano en este mundo ni en el venidero*

Como nota aclaratoria, somos conscientes de que la mayoría de las religiones universalistas afirman que todos los seres humanos somos hijos de Dios[20]. Algunas, como los unitarios universalistas, basan esta afirmación en la idea de que todos serán salvos por esta condición. Sin embargo, este pensamiento no comprende la historia de lo sucedido después de la creación con los seres humanos.

HIJOS REBELDES CON UN PADRE IMPOSTOR

La Palabra de Dios nos describe con claridad que los seres humanos se rebelaron contra Dios y rechazaron cumplir con los designios y roles que Él les dio en la creación. De hijos que vivían en plena armonía con el Creador y en la creación (Gn. 2) pasaron a ser hijos rebeldes, en conflicto con el Creador y viviendo en un mundo en caos (Gn. 3). La rebelión humana contra Dios no fue un desliz accidental ni una situación pasajera, sino un patrón que acompañó a las futuras generaciones.

Este patrón se ha repetido a lo largo de la historia. La Biblia llama al ser humano que se ha alejado de Dios "hijo de desobediencia" (Ef. 5:6,

---

[20] Buehrens, John A. (1998). *La fe que hemos escogido: una introducción al Unitario Universalismo.* p. 32. Skinner House books. Boston.

Col. 3:6) o "hijo de ira" (Ef. 2:3). Estos calificativos resaltan la condición de rebeldía en la que se encuentra el ser humano y describen las consecuencias que sufre por ello: la muerte espiritual y la falta de propósito en este mundo.

Jesús utiliza un título aún más fuerte para calificar a los religiosos de su época que rehusaban creer en Él y en Sus enseñanzas. Les llama "hijos del diablo", diciéndoles que su padre era el enemigo de Dios (Jn. 8:44). Pablo presenta al ser humano separado de Dios y muerto en sus pecados como alguien que sigue al príncipe de la potestad del aire, el diablo (Ef. 2:2).

El apóstol Juan, haciéndose eco de este título que Jesús dio a los religiosos de Su tiempo, establece en su primera carta una distinción clara entre quienes son hijos de Dios y quienes son hijos del diablo. Afirma: *"En esto se manifiestan los hijos de Dios y los hijos del diablo: todo aquel que no hace justicia y que no ama a su hermano, no es de Dios"* (1 Jn. 3:10). Para el discípulo amado no hay ambigüedades en la relación con Dios: o eres hijo de Dios o eres hijo del diablo.

Por supuesto, aquellos que desprecian al Padre verdadero (1 Ts. 1:9), amoroso (Mt. 5:45), providente (Mt. 7:11), que cuida de los Suyos (Heb. 13:5) y es el dador de vida (Jn. 10:10b), van camino al padre de mentiras (Jn. 8:44), usurpador (Is. 14:12-14), que ciega el entendimiento (2 Co. 4:4) y esclaviza a los que dirige en sus pasiones (Ef. 2:2). Es triste cambiar al mejor Padre que existe en la creación por un padre impostor, y eso es lo que han hecho los seres humanos.

Cuando Adán y Eva pecaron en el huerto del Edén, prefirieron despreciar, dudar y desobedecer a su verdadero Padre, sufriendo las consecuencias de sus incorrectas decisiones. Tristemente, creyeron más en las palabras del diablo, el usurpador y enemigo de sus almas, que con vanas promesas les mostraba un "camino mejor". La triste realidad es que, a partir de entonces, los hijos de Dios han preferido rebelarse contra su verdadero Padre e ir a los brazos del engañador y destructor de sus almas. No hay nada más triste que despreciar al verdadero Padre Celestial y amar a un impostor. Pero Dios, como verdadero Padre, no se ha quedado de brazos cruzados.

HIJOS ADOPTADOS

El Padre celestial tenía un plan diseñado desde la eternidad para rescatar a Sus hijos de las garras de la muerte y del enemigo de sus almas, y traerlos de vuelta a Su redil. En este plan redentor eterno incluyó la adopción de nuestras vidas para hacernos parte de Su familia (Ef. 1:5). La adopción es la obra que Dios el Padre realiza a través de Su Hijo Jesús para traernos de vuelta a Su familia y para que, por medio del Espíritu, clamemos: ¡Abba, Padre!

El camino para este proceso de adopción ya ha sido trazado por el Padre celestial. Para ser adoptados como sus hijos, Dios envió a nuestro Hermano Mayor, Jesucristo, para que muriera en la cruz por nuestros pecados, fuese sepultado y resucitase para darnos vida y entrada al reino de nuestro Padre. *"Pero a todos los que Lo recibieron, les dio el derecho de llegar a ser hijos de Dios, es decir, a los que creen en Su nombre"* (Jn. 1:12).

Este no es un proceso que ocurre por nuestra iniciativa ni por nuestro deseo personal, sino por la voluntad amorosa de nuestro Padre celestial (1 Jn. 3:1). Así nos enseña el evangelio acerca de recibir nuestra nueva identidad como hijos de Dios: *"que no nacieron de sangre, ni de la voluntad de la carne, ni de la voluntad del hombre, sino de Dios"* (Jn. 1:13).

En este regreso a los brazos de nuestro Padre celestial no hay nada de lo que podamos enorgullecernos o gloriarnos, porque Él es quien lo ha hecho todo. ¡Cuán plena y abundante es Su bendición, Su amor y Su gloriosa gracia para aceptarnos nuevamente como parte de Su familia! (Ef. 1:3-6). Aunque humanamente tratemos de encontrar algo en nosotros que nos haga pensar que somos merecedores de tanto, debemos reconocer con humildad que esta adopción ha ocurrido por la pura y soberana gracia celestial.

Ya no somos más hijos rebeldes, ni hijos de ira, y menos hijos del diablo. Ahora, podemos llevar el mayor y mejor título que cualquier ser humano puede llevar: ser hijos de Dios. ¡Nada hay más grande que ser llamados hijos de Dios! Nuestro Padre nos ha puesto en los mejores lugares, en los lugares celestiales, sentado con Su Hijo y haciéndonos objetos de Su amor, misericordia, gracia y bondad (Ef. 2:4-8). ¿Podrá el ser humano estar en mejor sitio? ¡Por supuesto que no!

Les comparto que tengo todos mis títulos académicos apilados en cuadros en un lado de mi oficina. En ocasiones, mi esposa me pregunta cuándo los pondré en la pared. Realmente, no sé cuándo ocurrirá este acto de vanidad. Personalmente, creo —sin pretender ser muy espiritual— que cuanto más veo la obra que mi Padre celestial ha hecho, hace y hará por mí, no tengo cómo agradecerle que un día Dios me adoptó como Su hijo nuevamente. Ser hijo de Dios es el mayor título que puedo poseer, y esto no lo he alcanzado por mi esfuerzo o mis capacidades intelectuales, sino por la pura gracia de Dios. Este título lo tengo estampado en mi corazón y nada ni nadie podrá cambiar esta condición. Cuando Dios me mira ahora, me ve como Su hijo y no como Su enemigo.

ABBA, PADRE

¿Cuáles son los beneficios de ser hijo de Dios? Aunque todos no cabrían en los libros de este mundo, mencionaré algunas de estas bendiciones.

✔ Línea directa con mi Padre celestial

Ahora tengo una relación especial con mi Padre celestial. Al hacerme aceptable en Su presencia a través de Cristo, puedo hablar con mi auténtico y amoroso Padre con toda confianza, por medio de la oración, y decirle: Abba, Padre (Ro. 8:15). No hay mejores palabras para comenzar nuestras oraciones que seguir el ejemplo de Jesús en la oración modelo: "Padre nuestro que estás en los cielos" (Mt. 6:9). Ya no soy un extraño hablando con un desconocido; ahora soy un hijo hablando con el mejor Padre: nuestro Padre celestial.

✔ Una nueva guía

Tenemos una nueva guía en nuestras vidas. Antes, estábamos guiados por nuestras pasiones pecaminosas que nos arrastraban a la destrucción. Ahora tenemos al Espíritu de Dios obrando en nuestras vidas, guiándonos a hacer la voluntad de nuestro Padre (Ro. 8:14). Ya no somos esclavos del pecado, sino que ahora somos llamados hijos (Gl. 4:7). No seguiremos detrás de nuestras pasiones, dejándonos arrastrar por el príncipe de este mundo; ahora tenemos al Espíritu Santo morando en nuestras vidas, guiándonos a toda verdad (Jn. 16:13).

✔ Seguridad eterna

La seguridad es otro beneficio que acompaña a los hijos de Dios. Antes vivíamos como hijos rebeldes, en inseguridad e incertidumbre sobre nuestras vidas, llenos de temores. Ahora, como hijos de Dios, estamos asegurados por la eternidad por el Padre, quien nos dijo que jamás nos dejará ni nos abandonará (Heb. 13:5). Estamos tan seguros en Su amor que nada ni nadie nos podrá separar de Él (Ro. 8:38-39). Ahora estamos bajo el cuidado del Pastor eterno de nuestras almas y nadie nos podrá arrebatar de Sus manos (Jn. 10:28).

✔ Disciplina transformadora

Todos los que hemos tenido buenos padres sabemos que nos disciplinaban, aunque no nos gustara. Con el tiempo entendimos y apreciamos los beneficios de aquella disciplina que nos ayudó a crecer, madurar y ser las personas que somos hoy. Lo mismo sucede en nuestra condición de hijos de Dios. Nuestro Padre celestial no permitirá que nos salgamos de Su redil y, porque nos ama, nos disciplinará constantemente para transformar nuestras vidas para Su gloria (Heb. 12:5-6). Como el alfarero que moldea el barro, nuestro Padre nos tomará con Su compasivo amor y nos transformará para Su gloria (Sal. 103:13-14).

✔ Miembros de una nueva familia

Los hijos de Dios conforman el pueblo y la familia de Dios en este mundo. Los que un día vivíamos sin Cristo, sin esperanza, sin promesas de pacto, sin Dios en el mundo y lejos de tener una solución, ahora somos el pueblo de Dios por lo que Cristo hizo en la cruz del Calvario (Ef. 2:11-18). Ya no estamos solos en este mundo, sin una familia espiritual que nos acompañe y a la que pertenezcamos. Ahora somos la iglesia de Cristo, miembros de un mismo cuerpo espiritual. Como parte de esta familia, estamos conectados con otros miembros, al igual que todos los miembros de nuestro cuerpo están unidos. Nos gozamos cuando otros se gozan y nos dolemos cuando otros se duelen (1 Co. 12:14-26).

Cualquier cristiano que se considera hijo de Dios no buscará caminar solo en la vida. Buscará, inevitable y responsablemente, una iglesia local de la que formará parte y en la que servirá para ser de bendición a otros. Disfrutará ser corregido y animado por otros como parte de su crecimiento en la fe. Quedarse aislado nunca será la mejor opción para los que forman parte de la familia de Dios (Heb. 10:24-25).

✔ Provisión para nuestras necesidades

Al ser considerados hijos de Dios, estamos bajo el cuidado providente y misericordioso del Padre celestial, quien vela por nuestras necesidades. Un buen padre cuida de sus hijos, y tenemos la certeza de que Dios es el mejor de los padres y cuida de nosotros siempre. Ahora estamos bajo el cuidado del Buen Pastor y nada nos falta (Sal. 23:1). El que sabe cuántos cabellos tenemos en nuestra cabeza y cuida de los gorriones que vuelan en los prados y las sabanas, también cuidará de nosotros (Mt. 10:29-31). El que nos dio a Su propio Hijo no escatimará en proveer para nuestras necesidades, cualesquiera que sean (Ro. 8:32, Flp. 4:19).

Es triste que muchas veces los hijos de Dios vivan como si no tuvieran a Dios, preocupándose por todo como si estuvieran huérfanos en este mundo. Olvidan que su Padre celestial vela constantemente por cada una de sus necesidades y que Su provisión nunca llegará tarde. A ellos les corresponde confiar y gozarse en las provisiones eternas de su Padre. Vivamos como hijos que confían en que el Señor nunca deja ni desampara a los Suyos.

✔ Una herencia gloriosa

El gozo más glorioso que acompaña a los hijos de Dios es la certeza de que cuando un día todo en este mundo acabe, podemos descansar en la herencia gloriosa que Dios tiene preparada para nosotros. Jesús nos habló de los tesoros imperecederos en el cielo, donde ni la polilla ni el orín corrompen y donde los ladrones no minan ni hurtan (Mt. 6:19-20). El apóstol Pedro nos afirmó que esta es una herencia que no se puede destruir, contaminar ni marchitar. Esta herencia está garantizada en los cielos porque Dios nos la ha asegurado a través de la obra de Cristo (1 P. 1:3-4).

> *El gozo más glorioso que acompaña a los hijos de Dios es la certeza de que cuando un día todo en este mundo acabe, podemos descansar en la herencia gloriosa que Dios tiene preparada para nosotros*

¡Qué glorioso saber que cuando un día todo se acabe, Dios nos tiene una herencia gloriosa preparada para sus hijos! Entre esos herederos estaremos nosotros, y nada ni nadie nos podrá quitar esta herencia gloriosa. Ninguna aflicción de este mundo, ningún enemigo, podrá afectar la herencia que nuestro Padre ha reservado para los que le aman.

Yo vengo de una familia que perdió su herencia. Mi madre era descendiente de uno de los hombres más ricos en la historia de Cuba, Francisco Vicente Aguilera, un azucarero con grandes extensiones de tierra y centrales. Cuando ocurrió la guerra de independencia en contra de España decidió dar toda su herencia para que su país pudiera ser libre y murió pobre en Nueva York. Al terminar la guerra y llegar la independencia a Cuba, a su familia le devolvieron grandes porciones de tierra, y a los ascendientes de mi madre les tocó parte de esas tierras. Tristemente, cuando llegó el comunismo a Cuba, mi madre fue desposeída de esa herencia y nosotros crecimos en la pobreza. Lo que habían trabajado sus padres se quedó en manos de otras personas.

Cuando llegué al evangelio, descubrí que en mi Señor tengo una herencia gloriosa que mi Padre me ha dado y reservado en los cielos. De esta herencia ya comencé a disfrutar en esta tierra y un día tendré la plenitud de ella en los cielos. Esta es la herencia más segura que podré tener y que nadie le podrá quitar a mis hijos, y oro para que a las próximas generaciones tampoco.

Reflexionar en nuestra identidad como hijos de Dios nos llena de alegría y esperanza en este mundo caído en el que estamos. Hay que recordar que Dios nos ha creado y que, aunque por un tiempo fuimos rebeldes, Dios, por su gracia sublime, nos ha traído de regreso y nos ha colmado de beneficios incontables e indescriptibles.

En vez de dejarnos arrastrar por las viejas pasiones y el padre de mentira, ahora tenemos el desafío de vivir como hijos de Dios

¿Tienes la certeza de ser hijo de Dios? Si no tienes esta certeza, recuerda que tu Padre celestial ha preparado un camino de regreso para que te encuentres con Él. Nuestro hermano mayor, Jesucristo, vino y murió en la cruz por nuestros pecados, fue sepultado y resucitó al tercer día para traernos de vuelta a nuestro Padre. La Palabra de Dios dice que a todos los que le reciben, a los que creen en Su nombre, Dios les da la autoridad de ser llamados hijos de Dios.

Si tienes la certeza de ser hijo de Dios, considera que tienes el llamado de vivir una vida digna de la vocación con la que fuiste llamado (Ef.

4:1). Tenemos el gran reto de imitar en la manera de amar a nuestro Padre (Ef. 5:1-2). Nuestro ejemplo para seguir siempre será nuestro Señor Jesucristo, el primogénito del Padre, que nos muestra el camino. En vez de dejarnos arrastrar por las viejas pasiones y el padre de mentira, ahora tenemos el desafío de vivir como hijos de Dios.

Me encontré este viejo himno que nos recuerda que somos hijos de Dios. Cada declaración va acompañada por esta afirmación: Yo soy hijo de Dios.

Gloria a Dios Su amor mi alma ilumina,
Yo soy hijo de Dios;
En mi alma brilla la luz divina,
Yo soy hijo de Dios.

Yo soy hijo de Dios,
Yo soy hijo de Dios;
La fuente de vida lavó mi alma,
Yo soy hijo de Dios.

Los hijos de Dios deben gozarse,
Yo soy hijo de Dios;
Testificaré ante todo el mundo,
Yo soy hijo de Dios.

Una vida santa dice Cristo,
Yo soy hijo de Dios;
Él llena mi alma de rica gracia,
Yo soy hijo de Dios.

Salvo del pecado, libre de vicios,
Yo soy hijo de Dios;
A través de las pruebas, Su paz me ha dado,
Yo soy hijo de Dios[21].

---

[21] Himnos de Gloria. # 22. Faith Publishing House 1969.

Preguntas para reflexionar

1. ¿Cuál es el título más importante que puede recibir un ser humano según el capítulo?

2. ¿Cómo se describe la relación de un cristiano con Dios en términos familiares?

3. ¿Qué nos enseña la historia de Jesús en el desierto sobre la identidad de los hijos de Dios?

4. ¿Qué implicaciones tiene la paternidad de Dios en la creación de la humanidad?

5. ¿Cómo se diferencia la condición de "hijos por creación" de la condición de "hijos adoptados"?

6. ¿Qué consecuencias trae la rebelión del ser humano contra Dios según el capítulo?

7. ¿Qué papel juega Jesús en el proceso de adopción de los cristianos como hijos de Dios?

8. ¿Cuáles son algunos de los mencionados beneficios de ser hijos de Dios?

9. ¿Cómo describe el capítulo la seguridad eterna de los hijos de Dios?

10. ¿Qué se menciona sobre la herencia que los hijos de Dios recibirán en el futuro?

Capítulo 4
Escogidos por Dios

"Ustedes no Me escogieron a Mí,
sino que Yo los escogí a ustedes". — *Juan 15:16*

Una de las verdades más mal comprendidas sobre nuestra identidad como cristianos es que somos escogidos, elegidos o predestinados por Dios. Solo mencionar este tema puede generar mucha predisposición y una cantidad de ruido que nos lleva a asumir posturas que distorsionan esta doctrina, impidiendo apreciarla desde un contexto bíblico.

Tal vez te preguntes qué tiene que ver esta verdad teológica con nuestra identidad. ¿Saber que soy escogido por Dios me ayudará en la concepción de mi persona en este mundo? La respuesta a ambas preguntas es afirmativa y durante este capítulo nos detendremos a explicar bíblicamente esta verdad y a dar aplicaciones necesarias que nos ayuden a ver su utilidad en el entendimiento de nuestra identidad cristiana. Creo firmemente que para tener una identidad cristiana saludable es necesario comprender que somos escogidos por Dios.

Al abordar la elección se suelen cometer cuatro grandes errores. El primero es desestimarla. Se pretende ignorar que ser escogido por Dios es una verdad importante presente en todas las secciones de la Biblia. Algunos, subestimando esta verdad, prefieren dejarla a un lado diciendo: "Si los teólogos no se han puesto de acuerdo con este tema, ¿qué quedará para nosotros?" Así, se establece el prejuicio del silencio que conduce a la ignorancia.

El segundo error es el prejuicio activo. Muchos han establecido falacias que impiden abordar este tema, pensando que enseñar esta verdad genera creyentes arrogantes, irresponsables con su fe e iglesias que no evangelizan. Aunque en algunos casos esto puede ser cierto, no se puede generalizar. Conozco muchas iglesias que creen esta verdad y tienen creyentes piadosos y evangelistas, así como iglesias que no predican ni creen en esta verdad y tienen creyentes irresponsables y que no evangelizan. Entender y vivir esta verdad tiene más que ver con vidas transformadas que comprenden su función en este mundo, que con irresponsabilidades en la evangelización.

El tercer error es convertir la comprensión de la elección en un requisito para la salvación. A la salvación no se llega por conocer la doctrina de la elección sino por la fe en Cristo y el arrepentimiento, lo que es gracia de Dios. Aunque somos conscientes que el cristiano que entiende mejor esta verdad tendrá beneficios reales en sus vidas, no podemos hacer de ella el centro de nuestra fe. Algunos creyentes inmaduros, al descubrir esta enseñanza, piensan que han encontrado el santo grial y que todo su conocimiento de la Biblia y de la vida cristiana debe girar en torno a esta doctrina. Lamentablemente, algunos hacen de la elección un ídolo al que adoran más que al Dios que la enseñó.

En la experiencia cotidiana es común encontrar a personas piadosas y cristianas que muestran frutos en sus vidas pero que no comprenden bien esta doctrina. Así también se podrá encontrar con otras personas que la entienden, pero cuyas vidas no muestran frutos de arrepentimiento. No olvidemos que la vida cristiana comienza con Cristo y continúa con Él hasta que nos encontremos con Él en la gloria. Ninguna doctrina o enseñanza de la Biblia pueden desplazar a Cristo del corazón del evangelio que se predica y cree.

El último error que quiero mencionar es el individualismo egoísta que genera una mala comprensión de esta doctrina. Algunos solo ven esta verdad en términos personales e individuales y no en una dimensión corporativa que cumpla con los propósitos de Dios. Se enfocan en que ellos son elegidos sin considerar que son parte de un pueblo mayor, que es la iglesia, y sin tener en cuenta que Dios no elige arbitrariamente, sino con el propósito de promover Su gloria en este mundo caído. La elección nunca será con fines individualistas ni será un fin en sí misma; tiene un propósito mayor que veremos a continuación.

Te invito a que camines conmigo en este capítulo para entender y vivir de manera saludable esta verdad sobre nuestra identidad. Somos escogidos por Dios, a pesar de nosotros mismos y de nuestras incomprensiones en entender esta verdad bíblica.

LA ELECCIÓN ES UNA VERDAD QUE ENSEÑA TODA LA BIBLIA

Si usted toma su Biblia (le animo a que haga este ejercicio conmigo) y lee Efesios 1:3-14, no solo encontrará una de las oraciones más importantes de las Escrituras que exaltan la obra de salvación del Dios Trino, sino también uno de los pasajes más esclarecedores acerca de la verdad de que somos escogidos por Dios. Pablo, luego de exaltar a Dios Padre por todas las bendiciones que nos ha dado en Cristo, comienza a describir esas bendiciones y la primera que menciona es nuestra elección. Él manifiesta que Dios nos escogió en Cristo.

Es importante entender que cuando Pablo menciona esta verdad, lo hace inspirado por el Espíritu Santo y tomando en cuenta que la elección es una doctrina que Dios ya había revelado a lo largo de la historia.

Somos escogidos por Dios, a pesar de nosotros mismos y de nuestras incomprensiones en entender esta verdad bíblica

Decir que somos escogidos no es algo que se inventaron teólogos como Agustín de Hipona, que se desarrolló a través de la historia y que Lutero o Calvino rescataron con la Reforma. Esta es una verdad que antecede la existencia de la humanidad en este mundo creado por Dios y que quedó registrada en las Escrituras. La elección es una muestra evidente de que tenemos un Dios soberano que actúa libre de cualquier influencia y lo hace con el propósito de promover Su gloria, mostrando Sus perfectos atributos hacia los seres humanos. La palabra de Dios está llena de la verdad de la elección.

Si se acerca a la Biblia, encontrará que, desde sus inicios, el patrón de la elección está presente. Dios, por gracia, escogió a Noé para preservar a la humanidad (Gn. 6:8), a Abraham para bendecir a todas las naciones de la tierra (Gn. 12:1-3), a Jacob para hacer de él una nación (Sal. 135:4; Mal 1:2), a José para preservarla (Gn. 45:5, 7-8), a Moisés para salvarla (Nm. 16:5, 7; Sal. 106:23), a David para levantar un descendiente de sus entrañas que reinaría para siempre (1 S. 13:13-14; 2 S.

6:21; Sal. 78:70) y a Zorobabel (Hag. 2:23) para sostener en pie esa esperanza mesiánica. ¿Y qué decir de los jueces y los profetas? Aunque no se mencione la palabra elegir (heb. *bāchar*), también son objeto de la elección de Dios. Un ejemplo es el llamado de Jeremías (Jer. 1:4-8) y Amós (Am. 7:14-15).

No podemos olvidar que no solo los individuos del Antiguo Testamento fueron elegidos por Dios, también la nación de Israel se veía a sí misma como el pueblo muy especial de Dios (Ex. 19:5; Jue. 5:11). Esta elección de Israel fue exclusiva, ya que Dios lo hizo entre todos los pueblos de la tierra (Dt. 7:6), llena de amor (Dt. 10:15) y con el propósito de bendecir a los pueblos de la tierra (Gn. 12:3, Is. 60:3).

Si miramos las páginas del Nuevo Testamento, también están saturadas de esta enseñanza acerca de nuestra identidad. Lo primero que encontramos es que Jesús es el elegido por Dios para cumplir todas las promesas de redención (Mt. 12:18). Los doce son presentados como los escogidos del Mesías (Lc. 6:13) e incluso Judas aparece escogido para ser quien entregue a Jesús (Jn. 13:18).

Además, los creyentes son presentados como los escogidos o elegidos por Dios (Mat. 11:25-27, 22:14, Ef. 1:4, 1 P. 1:2), a los cuales se les ha dado el reino (Lc. 12:32) y experimentarán todas Sus bendiciones (Ef. 1:3). Los elegidos son los que Dios ha predestinado para que sean adoptados como Sus hijos antes de la fundación del mundo (Ef. 1:4-5) y para que sean como Su Hijo (Rm. 8:29). Estos elegidos por Dios serán protegidos por Él en los últimos tiempos (Mt. 24:22).

Mirando a un plano corporativo, la iglesia es presentada como la elegida por Dios (1 P. 5:13, 2 Jn. 1:1). Cuando Dios mira a Su esposa, la iglesia, la ve como la elegida por Él para presentársela como una esposa gloriosa y santa, sin arrugas ni manchas (Ef. 5:27).

Esto no es todo, hay mucho más. Mi interés en este punto es mostrarles que hay suficiente información bíblica para prestar atención a esta doctrina. Detrás de cada hombre que tiene una participación en el plan de Dios, detrás de cada acción de Su pueblo, detrás de la manifestación y el cumplimiento de los propósitos divinos en este mundo, está la soberana y amorosa elección de Dios. Ignorar la verdad de que somos escogidos puede impedirnos ver un mejor panorama de la obra de Dios al mostrar sus misericordias a la humanidad. Es como tratar de apreciar un paisaje delante de nosotros con unos espejuelos que limiten nuestra visión de 180 grados a 20.

Resulta interesante, según mi consideración, que al ignorar esta verdad bíblica se tiende a exaltar las heroicidades de los personajes que aparecen en ella, olvidando que el personaje más importante es Dios y Su Hijo Jesucristo. No podemos ignorar que muchos de estos personajes tuvieron actitudes y conductas dignas de imitar. Pero también debemos recordar que si hicieron algo fue porque Dios lo hizo primero por ellos. Sus historias están allí para exaltar la gloria de Dios por encima de todo y no para exaltar a los seres humanos más que a Dios.

> *Detrás de cada hombre que tiene una participación en el plan de Dios(...), está la soberana y amorosa elección de Dios*

Si como hijos de Dios ignoramos la verdad de que hemos sido escogidos por Dios, nuestra identidad no estará bien clara ni definida a la luz de la palabra de Dios. Entender nuestra elección para formar nuestra identidad parte de la comprensión de lo importante que es esta verdad en las Escrituras. La elección no es una doctrina inventada por los hombres para sentirse importantes o para aliviar las frustraciones de la vida, sino que es la obra revelada por Dios a través de Su plan redentor para la humanidad y registrada en las Escrituras. Dios fue quien eligió y dejó esta verdad registrada en Su palabra para nuestra consideración.

ELEGIDOS EN CRISTO ANTES DE LA FUNDACIÓN DEL MUNDO

Pablo manifiesta que hubo una persona que hizo posible nuestra elección y un momento en el que ocurrió este acontecimiento. Esa persona es Jesucristo y el momento fue antes de la fundación del mundo. Les invito a mirar quién hizo posible nuestra elección y cuándo se gestó este glorioso acontecimiento.

En Efesios, Pablo enfatiza que fue en Cristo (Ef. 1:3) y por medio de Él (Ef. 1:5) que Dios nos escogió para ser lo que somos. "En Cristo" son las palabras más importantes para entender nuestra identidad delante de Dios y vivir la vida cristiana. Estas palabras nos enseñan que la unión con Cristo (ser espiritualmente uno con Él) es lo que marca la diferencia para el cristiano. Todo lo que es de Cristo se vuelve nuestro. Cada bendición que tenemos, debemos entenderla a través del lente de nuestra unión con Cristo, y esto es fundamental en el caso de la elección.

Cristo es la piedra angular de nuestra elección. Él es el elegido por Dios para traer a todos los elegidos a Él. Es el primero de todos los elegidos y tiene un libro, el libro del Cordero de Dios, donde están inscritos todos los que Dios escogió para darles vida (Ap. 21:27). Cristo es la razón primera y última de nuestra elección, porque todo ha sido hecho por Él y para Él.

> *"En Cristo" son las palabras más importantes para entender nuestra identidad delante de Dios y vivir la vida cristiana*

Ser escogido en Cristo significa que fue por medio de lo que Él hizo en la cruz del Calvario al morir por nuestros pecados que tenemos acceso al plan eterno de la redención y podemos recibir todas las bendiciones divinas, incluyendo ser escogidos por Dios. Es en Cristo donde se hace posible lo que para el hombre es imposible por sí mismo: Su salvación.

Nada en nuestra salvación y vida cristiana es posible entenderlo si no es a través de nuestra unión con Cristo. Y si algo resulta aún más difícil de entender sin estar en Cristo es nuestra elección. No hay nada inherente en nosotros que nos haga desear a Dios. No hay nada en nosotros que valga la pena para que Dios nos eligiera. Pero cuando Dios nos mira unidos a Cristo, todo empieza a tener sentido.

Es en Cristo donde Dios, por amor y por Su soberana gracia, decidió hacernos Sus escogidos. Es por medio de Cristo que esto dejó de ser un deseo eterno y se convirtió en una realidad objetiva. La elección se hace posible a través de lo que Dios diseñó y este plan está trazado en Cristo para los Suyos. Es en Cristo donde Dios hizo, hace y hará todo Su glorioso plan redentor en este mundo y especialmente con Sus escogidos (Ef. 1:8-10).

Estar en Cristo tiene dos dimensiones en el tiempo: una dimensión eterna y una dimensión temporal. En la dimensión eterna, Dios Padre nos escogió en Él antes de la fundación del mundo (Ef. 1:4). Antes de que nada de lo que vemos existiera, Dios en la eternidad nos escogió en Cristo. Esto trae una dimensión atemporal a nuestra condición.

Pensar que antes de ser una fecundación en el vientre de mi madre, Dios ya había pensado en mí, me llena de alegría. Desde la eternidad, Dios había planificado para los Suyos llenarlos de Sus bendiciones eternas, y entre ellos estaba yo, lo que me motiva al gozo y al agradecimiento constante. Y si miramos hacia el futuro, puedo estar confiado en que en la eternidad futura gozaré de todas las bendiciones de Dios, por el sello del Espíritu Santo en mi vida, que me da esa plena y total garantía (Ef. 1:13-14). Por lo tanto, soy elegido por el amoroso Dios desde la eternidad y hasta la eternidad, y nada podrá cambiar o alterar ese plan que ya se ejecutó en Cristo y se selló por el Espíritu Santo.

Esta elección en Cristo también tiene una dimensión temporal en este mundo. Hubo un momento en el que nuestra condición eterna quedó revelada en este mundo. *"En Él, también ustedes, después de escuchar el mensaje de la verdad, el evangelio de su salvación, y habiendo creído, fueron sellados en Él con el Espíritu Santo de la promesa"* (Ef. 1:13). Deténgase y observe que Pablo dice que esto ocurrió cuando escuchamos y creímos en el evangelio (Ef. 1:13). Porque ya estábamos en Cristo (en Él), ya habíamos sido escogidos (Ef. 1:4) y predestinados (Ef. 1:11) desde la eternidad, cuando escuchamos el evangelio, creímos y el Espíritu Santo finalizó la obra que Dios había diseñado desde la eternidad y hasta la eternidad.

Así, nuestras vidas como escogidos de Dios ya están garantizadas desde la eternidad, pasando por este espacio temporal en el que vivimos, y hasta la eternidad. Este espacio temporal en el que vivimos como escogidos, enfrentando a nuestros enemigos espirituales y las aflicciones de este mundo, no se alterará de ninguna manera. Dios nos ha garantizado en Cristo y a través del sello del Espíritu que tendremos la posesión eterna que Él ha adquirido para nosotros (Ef. 1:14).

Una de las peores cosas que afecta nuestro carácter y nuestra identidad son las inseguridades que terminan corrompiéndonos y dañando todo. El pecado ha dañado tanto nuestras vidas que, al mirarnos a nosotros mismos en este mundo caído, sentimos muchas inseguridades ante el presente que vivimos y el futuro que nos espera. Pero cuando miramos a Cristo, cuando recordamos que Dios nos escogió en Él y nos selló por medio del Espíritu Santo, podemos descansar confiados en Sus promesas y saber que estamos seguros hasta la eternidad.

Nuestra identidad como hijos amados y escogidos por Dios descansa en la plena seguridad de que tenemos a un Padre que hace que todas las cosas obren para bien. Ya nos ha garantizado la gloria a través de Su Hijo, y nada ni nadie nos podrá separar de Su amor ni frustrar los designios y propósitos que Él ha preparado para nosotros (Rm. 8:28-39). Es la elección incondicional de Dios en Cristo, desde la eternidad y hasta la eternidad, lo que nos da garantía y nos ayuda a formar una identidad segura.

ELEGIDOS CON PROPÓSITOS

Nuestra elección no ocurrió para dejarnos sentados en los bancos de la iglesia, cantando y contemplando lo glorioso de esta maravillosa doctrina. Tampoco fue para que nos sintiéramos superiores a los demás y termináramos discutiendo con otros cristianos que no comprenden esta verdad como nosotros.

Dios nos eligió con al menos tres propósitos establecidos por Él. El primero es que Dios se lleve toda la gloria. La gloria de Dios es el fin primario y último de todas las cosas, y la elección como obra de Dios exalta Su gloria. En Efesios, Pablo enfatiza en tres ocasiones que toda la obra que Dios ha hecho en Cristo por nosotros y el Espíritu Santo asegura, es para la gloria de Su nombre (Ef. 1:6, 12, 14).

La gloria de Dios es la razón de la existencia divina y Sus acciones en la creación. Dios está apasionado por Su gloria y la promueve, trayendo a Sus escogidos a Su presencia, bendiciéndolos y preparándolos para la eternidad. La elección que Dios hace a Su pueblo es, sobre todo, para la gloria de Dios, y esto no se puede pasar por alto. Cuando Pablo explica la elección y la relación de Dios con Israel, termina su discurso con esta gloriosa doxología: *"Porque de Él, y por Él, y para Él, son todas las cosas. A Él sea la gloria por los siglos. Amén"* (Rm. 11:36).

El segundo propósito es hacernos igual a Su Hijo. La elección nos pone en un proceso de transformación. Dios utilizará todas las circunstancias y pruebas de este mundo para producir en nosotros todo bien y transformación que nos haga semejantes a Cristo. Dios nos escoge en Cristo y en Cristo nos transforma para ser semejantes a Él. Tengamos siempre en cuenta que también nos predestinó para que fuésemos conforme a la imagen de Su Hijo (Rm. 8:29). Dios nos mira a través de la persona y obra de Su Hijo y también obra en nuestras vidas para transformarnos a Su gloria.

Estar en Cristo es estar dispuesto a que Dios, el dueño del viñedo, nos pode y nos prepare para dar frutos (Jn. 15:2). Entienda la metáfora, porque ningún proceso de limpieza y transformación que viene de Dios suele ser cómodo. Este proceso es profundo y drástico como la cura de una herida infestada por una enfermera sabia. Dios utilizará el fuego de la prueba para purificar nuestras vidas (1 Pd. 1:7).

El tercer propósito es el evangelio. Dios nos escogió y nos salvó para mostrar en los siglos venideros las abundantes riquezas de Su gracia, en Su bondad para con nosotros en Cristo Jesús (Ef. 2:7). Dios nos ha puesto en los lugares celestiales en Cristo y está mostrándoles a los principados y potestades que ellos han quedado derrotados para siempre (Ef. 3:10). Los elegidos que disfrutamos de esta obra del evangelio de Cristo tenemos la responsabilidad de compartir esta verdad con un mundo que camina hacia el cementerio.

Dios está apasionado por Su gloria y la promueve, trayendo a Sus escogidos a Su presencia, bendiciéndolos y preparándolos para la eternidad

Pedro, utilizando el lenguaje del pacto de Dios con el pueblo de Israel en el Sinaí (Ex. 19:4-6), dice: *"Mas vosotros sois linaje escogido, real sacerdocio, nación santa, pueblo adquirido por Dios, para que anunciéis las virtudes de aquel que os llamó de las tinieblas a su luz admirable"* (1 Pd. 2:9-RVR). Estamos en una condición y posición especial en este mundo para anunciar el evangelio de las virtudes de nuestro Salvador. Así que, el que utiliza la doctrina de la elección para no evangelizar es porque no ha entendido ni su salvación, ni lo que Dios está haciendo en nuestras vidas a través de la elección.

Como escogidos por Dios, tenemos la bendición de saber para qué vivimos en este mundo. No vivimos para comer, beber, acumular riquezas o hacernos un nombre, ni para perseguir las pasiones más carnales. Vivimos como escogidos para darle la gloria a Dios, ser conformados a la imagen de Cristo y compartir el glorioso evangelio que un día reveló nuestra posición en Jesús.

Los elegidos viven con propósitos divinos establecidos y no andan errantes por el desierto de la vida sin saber a dónde van. Viven con la certeza de que caminan por el camino verdadero que conduce a la vida eterna. Tendrán luchas, perderán batallas, fracasarán, se frustrarán, sufrirán pérdidas, tendrán enemigos y padecimientos por causa de su fe. Pero, a pesar de todos los problemas, Dios siempre estará con ellos y cumplirá el propósito planeado para ellos. Tendrán la certeza que tuvo el rey David cuando decía: *"El Señor cumplirá en mí Su propósito"* (Sal. 138:8. NVI).

SOMOS ELEGIDOS POR AMOR

La razón que mueve el acto soberano de Dios para hacernos sus hijos es Su amor (1 Jn. 3:1), y la razón que lo motiva también para elegirnos es la misma. Dios ama al ser humano y por eso escoge a los Suyos para mostrar Su amor. Así se lo decía Dios al pueblo de Israel en las llanuras de Moab antes de entrar a la tierra prometida: *"El Señor no puso Su amor en ustedes ni los escogió por ser ustedes más numerosos que otro pueblo, pues eran el más pequeño de todos los pueblos, sino porque el Señor los amó y guardó el juramento que hizo a sus padres, el Señor los sacó con mano poderosa y los redimió de casa de servidumbre, de la mano de Faraón, rey de Egipto"* (Dt. 7:7-8).

Nada había loable en Israel para que Dios se dignara a escogerlo, ningún mérito tenía como pueblo, ninguna proeza había hecho para que Yahveh los sacara de Egipto. Si lo hizo, fue exclusivamente por amor. Cuando Dios los sacó de Egipto, no solo los salvó de la esclavitud, sino que también los salvó de sus propios pecados. No olvidemos cómo a través de su peregrinación dieron muestra constantemente de su incredulidad, idolatría y rebeldía. Si quiere encontrar un manual de un pueblo ingrato, les invito a leer el libro de Números y se percatará de lo que digo. Lo que hizo grande a Israel como pueblo fue el amor de Dios y nada más.

Los profetas exaltan el amor de Dios que motivó la elección y salvación de Su pueblo indigno de Israel (Jer. 31:3; Os. 2:19-20, 23; 11:1, 4; 14:4; Mal. 1:2). Fue Su amor lo que permitió que Dios les diera promesas de restauración y les mostrara la esperanza gloriosa que tendrían con la venida del Mesías. Es por esa razón que Dios le ordenó a Su pueblo amarle a Él (Dt. 6:5) y a su prójimo (Lv. 19:18, 34; Dt. 10:18-19) como muestra de vivir en esa exclusiva relación. Cada misericordia que Dios mostró, cada juicio que emitió y cada promesa que cumplió para Su pueblo, fue única y exclusivamente para mostrar Su amor.

En el Nuevo Testamento se respalda también esta idea. Somos escogidos por el único y soberano amor divino. Dios nos escogió en amor, según el puro afecto de Su voluntad y para la alabanza de la gloria de Su gracia (Ef. 1:4-6). Es el amor soberano de Dios lo que determinó nuestra elección, y no fue ningún acto nuestro lo que la condicionó. Cuando Dios nos vio muertos en nuestros delitos y pecados, en el féretro de nuestras vidas, siguiendo las actitudes del mundo y al príncipe de las tinieblas, decidió darnos vida. Y todo esto lo hizo por y a través de Su amor misericordioso, lleno de bondad y de toda gracia (Ef. 2:4-7).

Pablo, para distinguir la grandeza de Dios en la obra de salvación, menciona que los elegidos de Dios son lo débil, lo necio, lo vil y lo menospreciado del mundo (1 Co. 1:26-29). Pero, ¿por qué? Para demostrar y magnificar su amor. Los caminos de Dios y Sus pensamientos están totalmente en desacuerdo con los del hombre. La mente carnal busca la meritocracia para ganar favores, puestos y privilegios, pero "lo que los hombres tienen por sublime, delante de Dios es abominación" (Lc. 16:15). En este punto solo queda refugiarnos en Su amor mostrado en Cristo y no en nuestras obras (Rm. 5:8).

Así que, cuando crea que ha sido escogido por Dios, que es uno de Sus hijos elegidos y oveja de Su rebaño, no saque pecho como muestra de una ignorancia inmadura. Más bien, caiga rendido a Sus pies como muestra de agradecimiento a tanto amor divino. Recuerde siempre que es por el amor de nuestro Padre Celestial que podemos ser llamados escogidos por Dios y no por ninguna virtud que hay en nosotros. El amor de Dios forma mi identidad como Su escogido.

Recuerdo cuando leía la historia de Jacob por primera vez. Al ver a un hombre tramposo, con una familia disfuncional, idólatra y asesina, siempre me preguntaba, qué tenía este hombre para que Dios lo escogiera y se le revelara. La respuesta es nada. La razón por la que este hombre y su descendencia estaban en el plan de Dios fue por el amor soberano de Dios. Cada vez que leemos esta historia hay un eco viniendo de Dios que nos dice: "Yo amé a Jacob" (Mal. 1:2). Es porque Dios ama, que elige, y así llegamos a ser lo que somos: hijos de Dios.

Algunos consideran que la elección de Dios limita Su amor porque solo salva a algunos, y esto no es así. La mayoría de los que piensan así

Si miramos nuestra elección y no vemos el amor de Dios, es porque no estamos entendiendo correctamente esta verdad de las Escrituras

tienden a buscar en el ser humano alguna virtud o alguna respuesta a Dios que los haga merecedores de Su amor. Pero esto limita aún más el amor de Dios, porque condicionan el amor divino a la respuesta de seres que no están en condiciones de corresponder en nada a lo que Dios ha hecho por ellos. La elección es una muestra más de cómo Dios, a pesar de nuestra condición depravada, decidió incluirnos en Su glorioso plan de redención a través de Su Hijo y darnos vida. Así que, si miramos nuestra elección y no vemos el amor de Dios, es porque no estamos entendiendo correctamente esta verdad de las Escrituras.

ELEGIDOS POR UN ACTO SOBERANO DEL PADRE

La elección, además de invocar el amor de Dios, también lo hace con Su soberanía. La soberanía de Dios es presentada en la Biblia como un acto independiente por parte de Dios en el que decreta y hace todas las cosas de acuerdo con los designios de Su voluntad. En otras palabras, y sin ánimo de ser malentendido, Dios hace lo que quiere, cuando quiere y de acuerdo con Su naturaleza para promover Su gloria.

El que pretenda condicionar la soberanía de Dios a alguna acción externa es porque no entiende la naturaleza inmutable y eterna de la persona divina. Nada, ni nadie, puede influir, limitar o determinar el curso de Sus designios. Lo que Él quiso, Él ha hecho (Sal. 115:3, 135:6).

Refiriéndose a la soberanía de Dios, Arthur W. Pink decía: *"Queremos decir la supremacía de Dios, la realeza de Dios, la divinidad de Dios. Decir que Dios es soberano es declarar que Dios es Dios. Decir que Dios es soberano es declarar que Él es el Altísimo, que "Él hace según Su voluntad en el ejército del cielo, y en los habitantes de la tierra, y no hay quien detenga Su mano, y le diga: ¿Qué haces?" (Dn. 4:35). Decir que Dios es soberano es declarar que Él es el Todopoderoso, el poseedor de todo el poder en el cielo y la tierra, para que ninguno pueda vencer Sus consejos, frustrar su propósito o resistir Su voluntad (Sal. 115:3). Decir que Dios es soberano es declarar que Él es "el gobernante* de las naciones" (Sal. 22:28), que establece reinos, derroca imperios y determina el curso de las dinastías como mejor le plazca. Decir que Dios es soberano es declarar que Él es el único "Soberano, el Rey de reyes y Señor de señores" (1 Ti. 6:15)" [22]. Tal es el Dios de la Biblia.

Regresando al texto en Efesios que reconoce nuestra condición como elegidos de parte de Dios, el apóstol Pablo expresa claramente en dos ocasiones que el acto de nuestra elección fue una muestra de la soberanía de Dios. Él se refiere a este acto soberano como "el beneplácito de Su voluntad" (Ef. 1:5) o al consejo (designios) de Su voluntad (Ef. 1:11). Pablo deja bien claro que este acto de elección divina depende única y exclusivamente de la soberanía de Dios y no de la respuesta humana.

En mis años de estudiante de seminario me enseñaron que Dios me había escogido porque Él previamente vio que yo iba a creer en Él. Para argumentar esta idea, mal utilizaban textos como 1 Pedro 1:2 y Romanos 8:29. Pero en ambos textos no aparece esta idea; más bien, es algo impuesto allí. En ninguno de los textos se refiere a la acción de conocer como el conocimiento que nosotros tengamos de Dios, sino al conocimiento que Él tiene de nosotros. Así que la idea correcta es porque Él nos conoció, fue que nos salvó. Y este conocimiento está solamente condicionado a Su voluntad y no a nuestras decisiones.

Nosotros le conocemos porque él nos conoció primero. Nosotros creemos porque Él nos eligió; la razón de nuestra fe en Él será siempre Su elección. Si Dios hubiera mirado desde la eternidad hacia el tiempo de la historia de este mundo para ver quién creería en Él para escogerle, no habría visto almas vivientes, sino individuos muertos en pecado, totalmente reacios e incapaces de creer en Cristo (Ef. 2:1-3). El Padre no podría haber elegido a nadie basándose en Su conocimiento previo de su fe, porque nadie habría creído sin Su amorosa y soberana iniciativa. Creemos porque Dios nos eligió, no al revés.

Como la Biblia suele explicarse con la misma Biblia, la idea de que el previo conocimiento se basa en la acción de Dios y así también Su elección, el apóstol Pablo nos dice: "...mas ahora, conociendo a Dios, o más bien, siendo conocidos por Dios" (Gl. 4:9). Si se percata, es Dios el que conoce, es porque Él nos conoce que nosotros le llegamos a

---

[22] Pink, A.W. (2021). La soberanía de Dios, p. 20,21. Chapel Library.

conocer. Y recuerde que no se pueden separar las acciones de Dios. Si Él conoce es porque soberanamente lo decidió hacer y no porque nada, ni nadie influyó en Su decisión.

Además, Jesús establece este patrón de que es un acto soberano de Dios escogiendo o eligiendo a los Suyos, y no nosotros escogiendo o eligiendo a Dios. En dos ocasiones, dice en su sermón en el Aposento Alto, la noche en la que celebró la Pascua: "Yo los escogí a ustedes" (Jn. 15:16,19). No fue que ellos eligieron a Cristo, sino que Él los eligió a ellos. Esta verdad está completamente en consonancia con todas las enseñanzas de la elección que nos muestran las Escrituras y no con la limitada idea de que la soberanía de Dios en la elección de los hombres estaba condicionada a un acto de ellos.

La salvación le pertenece al Señor en todos los términos (Jon. 2:9). Él creó el plan, diseñó la manera que esta sería provista a través de Su Hijo y se aseguró soberanamente de aplicarla a los que Él había planificado desde la eternidad para que la recibieran a través de la fe en el evangelio y fueran sellados por el Espíritu Santo. Si somos escogidos es porque Dios en Su soberanía obró para ponernos en esa posición. Esta es una de las evidencias palpables de la soberanía de Dios en este mundo.

Porque Dios es soberano es porque nosotros fuimos arrancados de las garras de nuestro enemigo, el diablo, puestos en una mejor y nueva posición en Cristo, y hemos sido llamados los elegidos de Dios. Es porque Dios es soberano que la luz brilló sobre las tinieblas que había en nosotros y nos iluminó con Su gracia. Es porque Dios tiene todo el poder para gobernar, que fuimos sacados de la muerte y ahora tenemos vida.

Cuando pienso en mi identidad como cristiano puedo ver que no estoy solo trabajando para formar una mejor persona en mí, sino que veo activamente a un Dios soberano que ha decidido escogerme para trabajar en mi vida, y esto me trae seguridad y un profundo aliento. Además de creer en un Dios que controla y rige todos los elementos de la naturaleza y la historia, veo al Soberano actuando en mi vida para darme vida y ponerme en una posición especial como Su escogido. Más que expuesto a los accidentes y a los imprevistos de este mundo que pueden influenciar en mi identidad, veo la soberana mano del Altísimo que guía y cuida mi vida para que Sus designios se cumplan en mí. La soberanía de Dios es el ancla segura que tienen los elegidos del Padre en este mundo caído.

Aunque nos resulte difícil entender muchas de estas verdades, porque nuestros pensamientos naturales se revelan en contra de los designios de Dios, esta es una verdad que las Escrituras enseñan y debemos creer en ella con toda humildad. Yo prefiero dejar a Dios ser Dios antes que tratar de encontrar méritos en el hombre pecador para que merezca ser llamado un elegido por el Padre celestial.

Yo prefiero dejar a Dios ser Dios antes que tratar de encontrar méritos en el hombre pecador para que merezca ser llamado un elegido por el Padre celestial

Sé que esta doctrina de la Biblia puede generar más preguntas que las que nosotros podamos imaginar. A mí me ha tomado mucho tiempo entenderlas y las sigo digiriendo. Pero lo que no puedo evitar creer es que fui elegido por el puro y soberano afecto del Padre celestial.

Siempre la verdad de la elección de Dios constituyó un aliento para los que vivían en un mundo que les traía muchos sufrimientos. Así encontraron los primeros cristianos un gran consuelo cuando recordaban que, a pesar de los sufrimientos en este mundo, ellos eran pueblo de Dios, los que habían sido elegidos soberanamente por amor en Cristo, antes de la fundación del mundo y para la gloria de Dios.

En lo personal, he encontrado mucho aliento en pasajes como Romanos 8:28-39, Efesios 1 y 1 Pedro 1. Todos ellos están allí para hablarnos de la elección y note que cada uno de estos pasajes fue escrito en contextos de sufrimientos, aflicciones y persecuciones, no en academias teológicas, ni en monasterios. Cuando he estado pasando por momentos duros de mi vida como persecución, pruebas, enfermedades, tener que enfrentar enemigos, dejar mi país inesperadamente, recomenzar mi vida como inmigrante en otro país y delante de cada nuevo reto que tengo que enfrentar, está la realidad inseparable de que soy escogido por Dios. Es por esta razón que nos volvemos a esta verdad de las Escrituras y desde esta perspectiva afirmamos esta verdad en un mundo que se deshace y lucha contra nosotros.

Los elegidos que entendían su posición en el Señor no perdían su tiempo en debates innecesarios, palabrerías y divisiones que no llevaban a ningún lugar. Ellos, más bien, se enfocaban en las responsabilidades que Dios les había dado en este mundo. Los que entienden el gran privilegio de haber sido escogidos por Dios nunca olvidarán sus responsabilidades en este mundo. Vivir una vida que le dé la gloria a Dios, que refleje a Cristo y que con el poder del Espíritu comparta el evangelio en este mundo, siempre será la razón de ser de nuestra elección.

Decía Spurgeon, refiriéndose a la actitud que deben tener los hijos de Dios sobre su elección. Ellos deben afirmar que: *"Soy uno de Sus elegidos. Soy escogido de Dios y estimado; y aunque el mundo me aborrezca, no tengo miedo... Hay pocos cristianos como robles hoy día, que pueden resistir la tormenta; y les diré por qué. Es porque ustedes mismos no creen que sean elegidos... Nada puede hacer a un hombre más osado que sentir que es un elegido de Dios. Quien sabe que ha sido elegido de Dios, no temblará ni tendrá miedo"*.[23]

Preguntas para reflexionar

1. ¿Qué verdad sobre nuestra identidad cristiana es considerada una de las más mal comprendidas según el capítulo?

2. Menciona los errores comunes al abordar la elección.

3. Según el capítulo, ¿por qué es importante comprender que somos escogidos por Dios para tener una identidad cristiana saludable?

4. ¿Cuál es la primera bendición mencionada por Pablo en Efesios 1:3-14?

5. Da un ejemplo del Antiguo Testamento donde Dios escogió a una persona para un propósito específico.

6. ¿Qué enseña el Nuevo Testamento sobre la elección de los creyentes?

7. ¿Cómo describe Pablo la elección de los creyentes en Efesios 1?

---

[23] Tomado del sermón: *La elección* (No. 40-41). *Disponible en: http://www.spurgeon.com.mx/sermones.html*

8. ¿Qué propósito principal tiene la elección según Efesios 1:6, 12, 14?

9. ¿Cuál es uno de los tres propósitos de la elección mencionados en el capítulo?

10. ¿Qué motivo principal mueve a Dios a elegir a Sus hijos según el capítulo?

Capítulo 5
Mayordomos de Dios

"Los dos días más importantes de tu vida son el día en que naces y el día en que descubres por qué". — Mark Twain.

Si algo me sorprende de los hombres de fe es su capacidad para entender lo insignificantes que son ante esta gran creación divina y su responsabilidad frente a ella. En uno de los Salmos más preciosos del salterio, el Salmo 8, vemos a David reconociendo que no era nada ante todo lo creado:

"Cuando veo tus cielos, obra de tus dedos,
La luna y las estrellas que tú formaste,
Digo: ¿Qué es el hombre, para que tengas de él memoria,
Y el hijo del hombre, para que lo visites?"

Debemos ser honestos y reconocer que, a diferencia de nosotros, los hombres de Dios que vivieron en otros tiempos tenían la capacidad de contemplar la grandeza de la obra de Dios en la creación. Parece que esta capacidad se ha ido perdiendo con el tiempo. Hoy en día, no es común que hagamos este ejercicio de contemplación de la creación, porque nuestra tendencia es mirar el mundo a través de una pantalla. Me parece que resultaría útil volver a la vieja práctica de sentarnos ante la creación divina para poder reflexionar sobre nuestra responsabilidad ante ella.

En la ciudad no se ven las estrellas, se ven las pantallas. Y esto, sin dudas, ha traído como consecuencia que los seres humanos perdamos la capacidad contemplativa de la creación, que no es más que el reconocimiento del gran Dios que tenemos y nuestras limitaciones como seres creados. Contemplar la creación es admirar la gloria del Creador y la pequeñez de los seres humanos.

Luego de esta afirmación, David apunta al relato primigenio de la creación para recordar cuál es la responsabilidad que el ser humano tiene ante ella en este mundo. Él añade:

"Le has hecho poco menor que los ángeles,
Y lo coronaste de gloria y de honra.
Le hiciste señorear sobre las obras de tus manos;
Todo lo pusiste debajo de sus pies:
Ovejas y bueyes, todo ello,
Y asimismo las bestias del campo,
Las aves de los cielos y los peces del mar;
Todo cuanto pasa por los senderos del mar".

Si se percata, David entendía su papel de mayordomo que Dios le había dado en la creación. Al ser humano se le ha dado la tarea de señorear o gobernar sobre la creación. Así que, entender nuestra identidad en este mundo creado requiere que comprendamos nuestro papel de mayordomos de Dios en esta creación.

> *Contemplar la creación es admirar la gloria del Creador y la pequeñez de los seres humanos*

El término mayordomo necesita ser explicado en palabras que se puedan entender con claridad. Ser mayordomos de Dios no significa que seamos personas indignas o insignificantes en esta creación; ser mayordomos implica más bien que somos administradores de Dios. Ser mayordomos de Dios es parte inseparable de nuestra identidad como cristianos. Dios nos ha puesto bajo su autoridad y nos ha dado la tarea de velar y cuidar de lo que Él ha creado y nos ha dado. Y esta responsabilidad debe ser entendida de una manera bíblica para poderla ejercer.

NUESTRA MAYORDOMÍA TIENE SU FUNDAMENTO EN DIOS

Como suele ocurrir con todos los elementos de nuestra identidad, la mayordomía encuentra su fundamento en Dios. Las Escrituras nos presentan a Dios como el creador de todo lo que existe en los cielos y la tierra (Gn. 1:1). Todo lo que nuestros ojos pueden ver y lo que no puede ver tiene su origen y razón de ser en el acto creativo divino. El

Dios en el que nosotros creemos es el Dios que hizo el mundo y todas las cosas que en él hay (Hch. 17:24).

Vivimos en un mundo en el que hemos sido puestos como pasajeros que se sientan en un autobús para un viaje temporal. Así estamos nosotros, temporalmente viviendo en un mundo que tiene un Creador y en el cual también nosotros somos partes de Sus criaturas que se deleitan por estar en el mundo que viven y que además tienen responsabilidades.

Además, Dios es Creador y también es Señor de todo lo que existe. Dios no se ha desentendido de Su obra y menos es indiferente a ella. Dios es dueño y Señor de todo lo creado. *"Del Señor es la tierra y Su plenitud y todo lo que en ella habita"* (Sal. 24:1). La creación le pertenece por Su autoría y le pertenece porque Él la gobierna soberanamente.

Resulta llamativo que el ser humano tiende en su rebeldía a rechazar la autoría de Dios sobre toda Su creación, y aún más, Su gobierno sobre lo creado. Sin embargo, Dios mismo se encarga de recordarle al ser humano quién es Él. Así lo hizo con el faraón de Egipto, quien se creía un semidiós o un dios encarnado, al cual le pertenecía la tierra de su imperio. Dios mismo se encargó de demostrarle a través de las plagas que no hay otro dios como Él sobre la tierra (Ex. 9:14) y que la tierra en la que vivimos le pertenece a Él y no a ningún ser creado (Ex. 9:29).

La desgracia de la identidad de los hombres comienza en el desprecio y el desconocimiento de quién es su creador y su dueño. Cuando el hombre se cree un dios y merecedor de todo lo que tiene y es como persona, es cuando comienza su arrogancia y su autodestrucción. Para muchos, creerse dueños de su vida y merecedores de lo que poseen ayuda a afirmar la identidad y su personalidad, pero somos conscientes que esto únicamente es el comienzo de la autoaniquilación del ser. No podemos olvidar el principio de Cristo, el dador de vida: *"... cualquiera que se enaltece, será humillado; y el que se humilla, será enaltecido"* (Lc. 14:11-RVR).

A la realidad de que Dios crea todas las cosas y gobierna sobre todo se añade una más: Dios es la fuente de toda la bendición que tienen los seres humanos. Todo lo que somos y tenemos en nuestra existencia se lo debemos a Dios. No hay espacio para la autoexaltación, ni para la pretensión de que nos hemos ganado lo que tenemos o que nos merecemos lo que hemos alcanzado. La fuente de toda bendición que tenemos es Dios mismo. No podemos nunca olvidar que toda buena dádiva y todo don o regalo perfecto vienen del Dios soberano e inmutable (Stg. 1:17).

Existe otra marcada tendencia en los hombres de Dios que nos presenta la Biblia. Ellos eran dados a reconocer que Dios era la fuente y el origen de todas las bendiciones. David decía en la declaración de sucesión de su hijo Salomón y ante la tarea de construirle casa al Señor: *"Pues todo es tuyo, y de lo recibido de tu mano te damos "*(1 Cr. 29:14). Juan el Bautista decía a los religiosos de su época que le querían poner en competencia con Jesús: *"No puede el hombre recibir nada, si no le fuere dado del cielo"* (Jn. 3:27). Por su parte, Pablo decía a los de Corinto, tan influidos por su cultura pagana, que ponían al hombre como el centro de todo y a sus dioses como el reflejo de sus bajas pasiones: *"Porque ¿quién te distingue? ¿o qué tienes que no hayas recibido? Y si lo recibiste, ¿por qué te glorías como si no lo hubieras recibido?"* (1 Co. 4:7).

La comprensión de nuestra identidad como mayordomos o administradores toma en cuenta que Dios es el creador, dueño de todo y dador de todas las bendiciones. Los atributos de Dios se reúnen en torno de Su gloria y se hacen manifiestos en Sus gloriosas bondades para toda la creación. Ser mayordomo de Dios requiere que conozcamos a quién servimos y que somos el resultado de Sus bendiciones. Es aquí donde comienza nuestra comprensión como mayordomos en este mundo. No tomar en cuenta esta realidad sería el comienzo de nuestra necedad y el punto de comienzo de nuestra caída.

LA MAYORDOMÍA ESTÁ EN NUESTRA LISTA DE TAREAS

La Biblia nos presenta que, al crear Dios al hombre, le dio una palabra de bendición, la responsabilidad de formar una familia y, junto con esta responsabilidad, la de gobernar sobre toda la creación (Gn. 1:28). Hay dos términos hebreos en la narración del libro de Génesis que apuntan con claridad a esta idea: "sojuzgad" (del verbo hebreo *"kabásh"*) y "señoread" (del verbo hebreo *"radá"*). Ambos verbos establecen la idea de que Dios ha comisionado al ser humano para que ejerza dominio y autoridad sobre una creación de la cual el hombre no es dueño.

La manera de ejercer esta tarea de mayordomo se expresa con claridad en la narración de Génesis 2. En este capítulo, Dios pone al hombre en el huerto del Edén, un ambiente ideal, para que lo labrase y guardase (Gn. 2:15). Aquí el hombre no sería un holgazán en la creación, viviendo con todas las condiciones perfectas, sino alguien que tenía la responsabilidad de trabajar y cuidar lo que Dios le había entregado. Dios como dueño, disponiendo y ordenando, y el hombre ejerciendo la tarea asignada.

Otra evidencia de que el hombre era el mayordomo de la creación y no el dueño es la restricción que Dios le pone en el huerto del Edén. De todo árbol del huerto el hombre podía comer, pero no debía hacerlo del árbol de la ciencia del bien y del mal (Gn. 2:17). Este árbol en el huerto era un buen recordatorio para el hombre de que él era un ser bajo autoridad. Que, aunque se le había dado la tarea de gobernar y sojuzgar la creación, debía hacerlo bajo la autoridad divina.

> *La comprensión de nuestra identidad como mayordomos toma en cuenta que Dios es el creador, dueño de todo y dador de todas las bendiciones*

El pecado del ser humano, además de un acto de presunción en el que pretendió igualarse a Dios, fue una violación de su posición y función de mayordomo en la creación en la que había sido puesto (Gn. 3:6-7). Aun así, después de su caída, su posición de mayordomo no le fue quitada (Gn. 9:2-3), pero la tarea sería más engorrosa, ya que con dolor, esfuerzo y fatiga obtendría el fruto de la tierra que trabajaría (Gn. 3:17-18). De trabajar en un ambiente ideal y con todas las condiciones, pasó a tener que luchar día a día por el fruto de su trabajo. El hombre, por su desobediencia, pasó de una mayordomía ejercida con libertad en una creación amiga a ejercer su función en esclavitud, con una creación sujeta a vanidad.

A pesar de la caída, también sabemos que la idea de ejercer nuestra función como mayordomos de Dios bajo Su autoridad nos fue devuelta en Cristo, por la gracia, la misericordia, el amor y la bondad de Dios (Ef. 2:1-9). Al ser humano se le dio la tarea de ser mayordomo y fue irresponsable en cumplirla, y al poner su fe en Cristo está de vuelta a su tarea. Ahora, los que están en Cristo, los que han sido recreados por Dios, tienen un paquete de buenas obras para hacer en este mundo donde el Señor les ha puesto (Ef. 2:10). Se espera que sean responsables en cumplir con su tarea para cuando el Señor regrese o para cuando se encuentren con Él.

En el reconocimiento de nuestra identidad en Cristo debemos tomar en cuenta que ahora estamos bajo la autoridad de nuestro Señor y se espera que seamos mayordomos fieles en cumplir con nuestra tarea. Es en Cristo donde nuestra identidad y posición como mayordomos se afirma, y seguirlo a Él indica que estamos volviendo al diseño que Dios tiene para nosotros en este mundo creado.

¿MAYORDOMOS DE QUÉ?

En este punto sería sabio que nos preguntemos: ¿de qué somos mayordomos? ¿Qué es lo que Dios ha puesto en nuestras manos para que administremos? Aunque somos conscientes de que tenemos una cantidad incontable de bendiciones intangibles que Dios nos ha dado en Cristo, también reconocemos que tenemos otras bendiciones que Dios nos ha confiado para que las administremos sabiamente.

✔ Tiempo

La primera de estas bendiciones es el tiempo. Mientras vivimos y nos movemos en este mundo, somos conscientes de que tenemos tiempo, por la misericordia de Dios, y este debe ser utilizado sabiamente. El tiempo es un regalo que Dios, en Su misericordia, nos otorga para que le busquemos y le sirvamos. Lamentablemente, uno valora más el tiempo cuando ya le queda poco o se está agotando. Así lo veía el profeta Jeremías:

"Que las misericordias del Señor jamás terminan,
Pues nunca fallan Sus bondades;
Son nuevas cada mañana;
¡Grande es Tu fidelidad!
«El Señor es mi porción», dice mi alma,
«Por tanto en Él espero»". (Lm. 3:22-24).

Como mayordomos del tiempo que Dios nos ha otorgado en este mundo, es necesario que seamos responsables en manejarlo correctamente. Vivir como cristianos y mayordomos en este mundo implica gestionar bien el tiempo. Así lo enseña Pablo a los creyentes de Éfeso: *"Mirad, pues, con diligencia cómo andéis, no como necios sino como sabios, aprovechando bien el tiempo, porque los días son malos"* (Ef. 5:15-16).

En este mundo caído, que tiene muchos días malos, es sabio y temeroso de Dios redimir el tiempo. Nos dejamos atrapar por las tentaciones, el entretenimiento o el exceso de trabajo, y no tenemos tiempo para lo que más necesita un mayordomo: cumplir la tarea que Dios le ha encomendado. No tenemos tiempo para dedicarlo a Dios, para orar, leer la palabra de Dios, compartir con la familia, con la iglesia y para anunciar el evangelio de Cristo. Pero es triste que tengamos tiempo para perderlo en cosas banales y perecederas que no nos aportan nada en la vida ni en la piedad. Gastamos nuestro tiempo en lo que no merece tiempo y no tenemos tiempo para aquel que lo merece todo: Dios.

Como mayordomos, debemos luchar contra nuestra pereza espiritual para que nuestro tiempo no sea usado con necedad, sino con sabiduría. Nuestra mayordomía comienza con nuestro manejo del tiempo en este mundo creado. Debemos detenernos y reflexionar sobre cómo usamos los días (Col. 4:5). Debemos comenzar a priorizar a

> *Gastamos nuestro tiempo en lo que no merece tiempo y no tenemos tiempo para aquel que lo merece todo: Dios*

Dios en el uso de nuestro tiempo (Mt. 6:33) y seguir adelante en nuestro caminar con Cristo (Flp. 3:12-14), sin aferrarnos a nuestras memorias del pasado, ni a continuos errores (Ec. 7:10), y menos a las promesas banales de este mundo que un día pasarán (1 Jn. 2:16).

✔ *Bienes materiales*

Además del tiempo, Dios ha puesto bajo nuestra autoridad recursos materiales que debemos administrar para Su gloria. Él nos da bendiciones materiales, no para que las almacenemos, sino para que las utilicemos diligentemente para bendecir a otros. Aprender a administrar para proveer para los suyos y para bendecir a otros debe ser una prioridad para el mayordomo de Dios.

El mayordomo sabe que tiene la responsabilidad de trabajar para proveer para los suyos, primeramente. La pereza no puede distinguir su vida, porque la palabra de Dios es clara cuando dice: *"Si alguno no quiere trabajar, tampoco coma"* (2 Ts. 3:10). El buen mayordomo comienza su tarea en su casa, proveyendo para los suyos. No se puede pretender ser un buen mayordomo y desatender a su propia familia; quien lo hace no ha entendido la fe (1 Tm. 5:8).

Además de proveer para los suyos, el mayordomo debe ser generoso con otros que están en necesidad. Dar con alegría es una muestra de madurez en nuestra tarea de mayordomos de esta creación. No podemos olvidar que Dios tiene un trato especial para aquellos que encuentran alegría en dar; Él los ama (2 Co. 9:7). Además, este Dios que ama y bendice materialmente también es poderoso en multiplicar lo que tenemos para que podamos participar en dar y bendecir a otros.

Cuando, como cristianos, tenemos problemas con la generosidad, es porque tenemos problemas teológicos. No hemos comprendido que Dios es la fuente de nuestras bendiciones y es Él quien hace que tengamos lo suficiente para dar (2 Co. 9:8-9). Nadie se puede considerar tan pobre como para no dar, ni tan rico como para pensar que no necesita de Dios. Ser mayordomo de Dios inevitablemente requiere de nuestra generosidad con las bendiciones materiales que el Señor nos ha dado.

Una de las evidencias más claras de un buen mayordomo es que sabe utilizar los recursos que Dios le ha dado para bendecir a otros. Cuando mira sus posesiones, las ve como bendiciones que Dios le ha dado y piensa que las tiene para bendecir a otros que lo necesitan. Confía en las palabras de su Señor y le obedece cuando escucha: *"Den, y les será dado: medida buena, apretada, remecida y rebosante, derramarán en su regazo. Porque con la medida con que midan, se les medirá en regreso"* (Lc. 6:38).

El mayordomo cristiano ha entendido el evangelio y tiene como su mejor ejemplo a Jesucristo, quien por amor a nosotros se hizo pobre, siendo rico, para que nosotros con Su pobreza fuésemos enriquecidos (2 Co. 8:9). Quien lo tenía todo lo dio todo para que nosotros tengamos de Sus bendiciones y las compartamos con los demás. La generosidad es luz que alumbra el corazón de los pecadores que han entendido el evangelio. Es por esto por lo que a la conversión del alma la acompaña la conversión de las manos. Quien dice que es cristiano y no suele ser generoso es porque no ha entendido el evangelio.

El mayordomo de Cristo es responsable en ser generoso porque ha comprendido que más bienaventurada cosa es dar que recibir (Hch.

20:35). Ha entendido que la práctica de la generosidad es parte de las buenas obras que Dios ha preparado para aquellos que quieran vivir para la gloria de Dios. Ser buenos mayordomos de Dios inevitablemente requiere que seamos buenos mayordomos de nuestros recursos materiales.

Ser buenos mayordomos de Dios inevitablemente requiere que seamos buenos mayordomos de nuestros recursos materiales

✔ *Dones espirituales*

Dios también nos ha dado Sus dones espirituales para que los pongamos al servicio de los demás. Cuando nos referimos a los dones espirituales hay una triste tendencia en el cristianismo de hoy a enfocarnos en los dones que generan debate, pero no nos percatamos de que estamos desatendiendo a los demás dones que han sido puestos para edificar a la iglesia. La palabra de Dios es enfática al dejarnos saber que cada creyente ha recibido una capacidad especial dada por Dios para edificar Su iglesia y propagar el evangelio en este mundo (1 Pd. 4:10). Ningún creyente ha quedado fuera de la repartición de los dones espirituales; al menos cada creyente tiene un don de parte de Dios.

Además de identificar el don que tenemos como parte del cuerpo de Cristo, es importante que lo pongamos a disposición de los demás. Los dones espirituales no son para exhibirlos en una vitrina como un tesoro que guardamos, sino que son para utilizarlos en beneficio de otros. Así que el mayordomo, además de tener bendiciones materiales, también tiene bendiciones espirituales que compartir con otros que las necesiten.

Si nadie es tan pobre como para no ayudar y servir a otros, tampoco ningún creyente ha quedado sin dones espirituales para bendecir a otros. ¿Ha reconocido usted cuál es su don espiritual que puede poner al servicio de los demás? Si lo ha reconocido, utilícelo conforme a la palabra de Dios, con el poder de Dios y para la gloria de Dios (1 Pd. 4:11). Si no lo ha reconocido, le invito a que pida en oración claridad a Dios sobre este asunto y que se acerque a algún creyente maduro que le ayude a identificar el don espiritual que Dios le ha dado para que lo ponga al servicio de otros.

✔ El evangelio

De todas las bendiciones que hemos recibido como mayordomos de Dios, el evangelio de Jesucristo es la mayor de todas. El evangelio es la suma de todas las bendiciones que Dios nos ha dado en Cristo. Así lo sentía Pablo, quien agradecía a Dios por este don inefable (2 Co. 9:15). Este don del evangelio, que resulta tan indescriptible y misterioso, requiere de administradores o mayordomos que lo pongan a disposición de los demás.

Toda nuestra identidad cristiana se construye sobre el evangelio de Jesucristo, y cada cristiano debe considerarse un mayordomo de este. Pablo se veía a sí mismo como administrador del evangelio y, en función de esta realidad, vivía su misión en este mundo (1 Co. 4:1). Lo que los humanos no pueden descubrir por sí mismos, Dios nos lo ha revelado a través de Su Hijo Jesucristo. La tarea de los cristianos es hacer que este misterio, que es el evangelio de Cristo, sea conocido y visible para el mundo que los rodea.

El mayordomo entiende que ha recibido el evangelio de gracia y debe compartirlo con otros que lo necesitan. De gracia recibimos, y lo menos que se espera de nosotros es que demos de esa gracia recibida. La idea de un mayordomo que recibe un regalo de parte de Dios y lo comparte con otro fue lo que cimentó la primera misión de los doce apóstoles y lo que también fundamenta nuestra misión en este mundo (Mt. 10:7-8).

Al compartir el evangelio estamos sirviendo a los seres humanos con la mayor bendición que puedan recibir en sus vidas. El evangelio de Jesucristo es el que rescata al hombre de las tinieblas y lo trae a la luz, el que lo saca de la muerte y lo trae a la vida, el que toma su identidad fragmentada y destruida y la hace nueva en Cristo. Ser mayordomos del evangelio de Cristo debe ser la misión que define nuestra identidad como cristianos.

¿QUÉ SE ESPERA DE UN MAYORDOMO?

Para terminar este capítulo les dejo algunos consejos que debemos mantener en mente si queremos ser buenos mayordomos de Dios. Primero, no pierda de vista que todo lo que es y lo que tiene le ha sido dado por Dios. Mantener esta idea en nuestra mente nos ayudará a mantenernos en una correcta y humilde perspectiva de quiénes somos en este mundo.

Segundo, debemos ser fieles al que nos puso como mayordomos. La razón de ser de un mayordomo no es agradarse a sí mismo, sino agradar al amo a quien sirve. En este caso, estamos para agradar a nuestro Dios, quien nos lo ha dado todo y nos ha amado con un amor indescriptible. Es necesario que seamos fieles en la tarea que Dios nos ha asignado en este mundo, porque este es el primer requisito que debe cumplir todo mayordomo (1 Co. 4:1). Mayordomía y fidelidad son acciones que los cristianos deben ver como una sola, porque sin una, la otra no existe.

Tercero, un mayordomo debe saber cómo y para quién hace su servicio. Lo que hace debe hacerlo en el nombre del Señor y de corazón (Col. 3:17, 23). Es el Señor quien lo ha comisionado a servir en este mundo y es en Su nombre que todo se hace posible. Además, debe tener en cuenta que su tarea final está encaminada a darle la gloria a Dios y no a los hombres. Él sirve a los demás no para ser reconocido por ellos, sino para darle la gloria a Dios en lo que hace (1 Pd. 4:11).

Por último, un mayordomo de Dios debe saber de quién debe esperar su recompensa. La recompensa de un fiel mayordomo siempre viene de su Señor (Col. 3:24), quien nunca se olvidará de nuestro trabajo de amor y nuestro servicio a Su nombre y a Su pueblo (Heb. 6:10). Dios permita que vivamos como los mayordomos fieles que este mundo necesita.

Tuve la oportunidad de conocer a un mayordomo que durante muchos años sirvió en la residencia de la embajada de los Estados Unidos en La Habana. Me acerqué con cierto grado de curiosidad y le pregunté: -¿Qué se espera de un buen mayordomo? Él me respondió: -Que cumpla bien su tarea de servir y administrar la casa, siempre teniendo presente que debe servir a su señor con fidelidad, dignidad y profesionalidad. Si este hombre entendía bien su trabajo, ¿cuánto más nosotros, los cristianos, como mayordomos de Dios, debemos entender el nuestro?

Preguntas para reflexionar

1. ¿Qué capacidad destacaba en los hombres de fe respecto a la creación divina según el capítulo?

2. ¿Cuál es el papel que David reconoce para el ser humano en el Salmo 8?

3. ¿Qué implica ser mayordomo de Dios según el capítulo?

4. ¿Dónde encuentra su fundamento la mayordomía de los cristianos?

5. ¿Cuál es una de las tareas que se le dieron al ser humano en la creación según Génesis 1:28?

6. ¿Cómo se describe la tarea del hombre en el huerto del Edén en Génesis 2:15?

7. ¿Qué nos enseña Efesios 2:10 sobre las buenas obras y la mayordomía?

8. ¿Qué es lo primero de lo cual somos mayordomos según el capítulo?

9. ¿Qué dice 1 Pedro 4:10 sobre los dones espirituales y su propósito?

10. ¿Cuál es la mayor bendición que hemos recibido como mayordomos de Dios para compartir con otros?

Capítulo 6
Sacerdotes Reales

"Y los has hecho un reino y sacerdotes para nuestro Dios".
— *Apocalipsis 5:10*

Suele suceder que en muchos países se mantiene la tradición de que al lado del templo donde se reúne la iglesia hay una casa en la que habita el pastor. En una ocasión me encontraba trabajando frente a la casa pastoral de la iglesia que atendía. Estábamos haciendo algunos arreglos en la fachada y pintando las rejas que aseguraban la entrada. La casa quedaba justo en una avenida por la que transitaban autos, y las personas solían detenerse en la acera para esperar un taxi que las transportara. Fue allí donde se suscitó esta conversación entre dos personas mientras yo trabajaba y tenía la oportunidad de escuchar por no estar lejos de ellas.

Una persona le dijo a la otra: —Estoy tan decepcionada de las personas y de la vida que no sé a quién preguntarle acerca de una respuesta a mi problema. La otra le respondió: —Así también me sucede a mí. Tal vez tengamos que venir a esta iglesia para hablar con el pastor o el cura. De hecho, estas personas dicen que son confiables y que "no pecan". Tal vez, él tenga una respuesta para nosotros.

Fue en ese momento cuando me tomé la licencia y, con respeto, interrumpí la conversación: —Perdonen, yo conozco a una persona perfecta que las puede ayudar a entender el sentido y el propósito de la vida, y creo que no es el pastor. Él es un pecador que también necesita de la ayuda de esta persona y sabe que si ustedes la conocen, su vida será transformada para siempre. ¿Saben de quién hablo?

Aquellas personas, sorprendidas, respondieron: —Primero, no sabemos con quién hablamos. Yo les di una respuesta que las dejó aún más sorprendidas: —Hablan con el Pastor de la iglesia. Y la persona perfecta que yo conozco se llama Jesucristo. A partir de entonces comencé a compartirles el evangelio de Cristo. Al final de la conversación, ellas no tomaron ninguna decisión, pero al menos se fueron con el mensaje sobre la persona y obra de Cristo, quien es el único inmaculado y que cambia y transforma la vida de los seres humanos.

Tristemente, muchas personas consideran que en el reino de los cielos siguen existiendo dos clases de personas: el clero, que son los pastores o sacerdotes que, según sus pensamientos, deben ser inmaculados, y el *laos*, el pueblo, en el que se encuentran toda clase de personas con las más variadas perversidades en su carácter y personalidad. Y esta no es una idea que permanece únicamente en el catolicismo, sino que también es común encontrarla en el movimiento protestante y las iglesias evangélicas que surgieron producto de la Reforma.

Somos conscientes de que los líderes cristianos están llamados a ser ejemplo de vida para su comunidad, pero no que sean personas inmaculadas. Además, todos los cristianos están llamados a ser santos y a participar activamente en el reino de los cielos, no únicamente los líderes cristianos.

Una de las cosas que la Reforma trató de rescatar de la verdad de las Escrituras fue la idea de que todos los cristianos son sacerdotes ante Dios. Que no existe una distinción que separa al clero del pueblo cristiano ante la presencia de Dios. Todos los cristianos hemos sido llamados para representar a Dios en la tierra, dando testimonio de Él y dando cuenta de nuestras vidas.

Lutero decía: *"Cristo no tiene dos cuerpos ni dos clases de cuerpos, uno eclesiástico y otro secular. Es una sola cabeza, y esta tiene un solo cuerpo. Además, todos somos sacerdotes... Todos tenemos el mismo credo, el mismo Evangelio y el mismo sacramento"*[24]. Además, añadía que *"por el bautismo todos somos ordenados sacerdotes, como San Pedro dice: Vosotros sois un sacerdocio real y un rei-*

[24] M. Lutero, *"A la nobleza cristiana..."* p. 4. Disponible en: https://escriturayverdad.cl/wp-content/uploads/ObrasdeMartinLutero/15171520/1520ALANOBLEZACRISTIANADELANACIONALEMANA.pdf

no sacerdotal. Y en el Apocalipsis 20: Y por tu sangre nos has hecho sacerdotes y reyes" [25].

Entender nuestra responsabilidad como sacerdotes de Dios en este mundo es parte esencial del reconocimiento de la identidad que tiene el cristiano en este mundo. No somos únicamente hijos de Dios, escogidos por Dios, mayordomos de Dios, sino que también Dios nos ha ordenado como Sus sacerdotes para que le representemos en este mundo caído.

LA HISTORIA DE UN SACERDOCIO FRACASADO

La Biblia nos presenta un patrón de un sacerdocio fracasado con episodios de hombres de fe que supieron ejercer su rol en los tiempos que les tocó vivir. El fracaso del sacerdocio comenzó en Edén, cuando el hombre renunció a obedecer a Dios y se dejó arrastrar por sus deseos y pasiones, cayendo en las manos del enemigo de Dios, el diablo (Gn. 3:6-7). El término hebreo *kōhēn* se refiere al sacerdote como "estar de pie delante de uno mayor", en este caso, Dios mismo. Adán y Eva, que tenían la posibilidad de estar de pie delante de Dios, fueron excluidos de Su presencia por su pecado.

Los sacrificios comenzaron a ser una manera en la que los hombres expresaban su adoración a Dios. El primer asesinato ocurrió en el contexto de un sacrificio, cuando Caín mató a Abel por celos y falta de comprensión de su función sacerdotal (Gn. 4:1-10). A pesar del avance del pecado, Dios reservó a hombres que ejercieron su función sacerdotal, como los descendientes de Set (Gn. 4:26) y Enoc (Gn. 5:22). Dios siempre ha levantado a hombres fieles en cada generación para cumplir Sus propósitos (1 R. 19:18).

> *Dios siempre ha levantado a hombres fieles en cada generación para cumplir Sus propósitos*

Dios liberó a Su pueblo de Egipto y les dijo que serían una nación de reyes y sacerdotes (Éx. 19:6). Sin embargo, el pueblo insistió en sus pecados, construyendo un becerro de oro para adorarlo (Éx. 32). Dios entonces reservó a la tribu de Leví para ejercer el oficio sacerdotal, con Moisés y Aarón como Sus representantes.

---

[25] Ibid. P. 4.

Los sacerdotes levitas tenían responsabilidades específicas: enseñar la ley (Lv. 10:9-11), mantener al pueblo fiel a su pacto con Dios (Ex. 28:12) y ayudar a hacer expiación por sus pecados (Lv. 17:11). Sin embargo, hubo ejemplos negativos, como los hijos de Aarón, Nadab y Abiú, y los hijos de Elí, Ofni y Finees, quienes desobedecieron a Dios y enfrentaron severas consecuencias (Lv. 10:1-2; 1 S. 2:12-25).

Durante el reinado de David hubo un avivamiento y reorganización de las funciones sacerdotales. El sacerdocio alcanzó su mayor esplendor en la dedicación del templo (1 R. 8) durante el reinado de Salomón. No obstante, la corrupción regresó rápidamente, llevando a Dios a levantar profetas como Elías para reconduciral pueblo (1 R. 17).

El Antiguo Testamento termina con el profeta Malaquías confrontando tanto al pueblo como a los sacerdotes por su adoración mediocre y su infidelidad (Mal. 1-2). La historia del Antiguo Testamento es un recordatorio de cómo la responsabilidad sacerdotal no fue ejercida correctamente por Israel.

Esta historia es un llamado de atención para los cristianos en nuestra responsabilidad de ejercer nuestro oficio sacerdotal. Muchos prefieren seguir los ídolos de este mundo en lugar de servir al Dios verdadero. Es crucial aprender de la historia para no repetir los mismos errores.

JESÚS, EL MEJOR SACERDOTE

El Nuevo Testamento comienza con sacerdotes inmorales y corruptos, pero nos presenta al perfecto sacerdote: Jesucristo. Para los cristianos, el oficio sacerdotal queda reservado para Cristo, quien cumple todas las expectativas de un sacerdocio perfecto y eterno. Ya no necesitamos sacerdotes imperfectos y temporales, ahora tenemos a un sacerdote perfecto que oficia siempre a nuestro favor delante del trono de Dios (Rm. 8:34).

La Carta a los Hebreos presenta a Cristo como el perfecto y único sacerdote de la humanidad. Algunos elementos que lo hacen único son:

- *Origen Divino:* Cristo pertenece a una orden superior al sacerdocio aarónico, siendo comisionado por Dios mismo (Heb. 5:5-6). Es sacerdote para siempre según el orden de Melquisedec (Heb. 5:6, 10).

- *Calificación Perfecta:* Cristo participó de nuestra naturaleza humana, fue tentado en todo, pero sin pecar (Heb. 2:14; 4:15). Su consagración fue en la cruz, donde inició el nuevo pacto (Heb. 5:7; 12:24).

- *Ofrenda Suprema:* Cristo ofreció Su sangre una vez y para siempre para resolver el problema del pecado (Heb. 9:13-14; 10:10). Su sacrificio nos libera de la culpa y nos prepara para enfrentar el juicio de Dios con confianza (Heb. 9:26-27).

Los creyentes en Cristo tienen al sacerdote perfecto para sus almas. Están libres del temor a la muerte (Heb. 2:15), pueden acercarse con confianza al trono de Dios (Heb. 4:16) y tienen una esperanza segura en Cristo, quien intercede por ellos (Heb. 6:19-20; 7:24-25). Cristo nos libra de la culpa del pecado y nos asegura acceso a Dios (Heb. 9:9-14).

> *Los creyentes en Cristo tienen al sacerdote perfecto para sus almas*

Es una gran bendición tener a un sacerdote así, y todos los seres humanos lo necesitan. Cristo cumplió todas las expectativas divinas del oficio sacerdotal. Muchos hoy buscan a sacerdotes humanos imperfectos para resolver sus problemas de pecado. En las iglesias evangélicas, algunos ven a los pastores como sacerdotes, pero estos deben señalar a Cristo, el único mediador entre Dios y los hombres (1 Ti. 2:5).

En la entrada de la Bahía de La Habana hay una estatua conocida como el Cristo de La Habana, inaugurada en 1958. Esta estatua, aunque impresionante, no representa al Cristo verdadero. Mientras la estatua es de piedra y no puede sentir nada, Cristo se compadece de nosotros. La estatua tiene ojos huecos, pero Cristo nos mira con ojos reales y nos ayuda en nuestros momentos de necesidad. La estatua bendice una ciudad en sufrimiento, pero Cristo bendice y salva vidas, reinando sobre toda la creación. ¿Tienes tú a este Cristo?

DECLARADOS SACERDOTES POR EL SUMO SACERDOTE CELESTIAL

Todos los que hemos puesto nuestra fe en Cristo hemos sido declarados sacerdotes reales en este mundo. Como Moisés declaró al pueblo de Israel que Dios los había hecho un reino de sacerdotes y gente santa (Ex. 19:6), ahora nosotros, a través de Cristo, hemos sido llamados el nuevo sacerdocio de Dios. Pedro lo afirma así: *"Mas vosotros sois linaje escogido, real sacerdocio, nación santa, pueblo adquirido por Dios"* (1 P. 2:9).

Nuestra identidad como cristianos incluye la realidad de que hemos sido llamados sacerdotes de Dios. Dios nos ha hecho "piedras vivas" por medio de Cristo, la "piedra viva" (1 P. 2:4). A través de Cristo, llegamos a tener vida y constituimos la casa o el templo de Dios, convirtiéndonos en sacerdotes de Dios (1 P. 2:5). Servimos al Señor desde nuestros cuerpos que es ahora Su templo.

Pablo añade que ahora somos templo de Dios donde el Espíritu Santo habita (1 Co. 3:16). Somos pequeños templos que forman la casa de Dios. Ya no necesitamos un templo físico para celebrar liturgias y ceremonias para ejercer nuestro sacerdocio. Ahora, desde nuestros cuerpos, podemos ofrecer sacrificios espirituales como sacerdotes de Dios.

¿No es sorprendente que Dios nos llame sacerdotes? Ser sacerdotes de Dios es algo que somos por la gracia de Dios, no por vestirnos con sotana u oficiar un servicio religioso. Dios nos eligió soberanamente y nos hizo Sus sacerdotes. Puedes tener la certeza de que, aunque no hayas sido educado en una escuela teológica y no estés todos los domingos frente a una iglesia predicando y administrando los sacramentos, aun así, eres sacerdote de Dios.

¿Pero el sacerdocio no es para gente santa? ¿No se debe tener un grado de pureza moral y dedicación espiritual para ser un sacerdote de Dios? Por supuesto que sí, Dios quiere una nación santa, pero nuestro oficio sacerdotal no se gana por nuestra espiritualidad ni por nuestro desempeño. Ha sido ganado para nosotros por Cristo cuando hizo el sacrificio por nosotros en la cruz del Calvario. Fue nuestro Sumo Sacerdote Jesucristo quien nos hizo sacerdotes.

Ser sacerdotes de Dios es algo que somos por la gracia de Dios, no por vestirnos con sotana u oficiar un servicio religioso

Juan afirma que es a través de la sangre derramada por Cristo en la cruz, Su resurrección y la obra redentora hecha por nosotros (Ap. 1:5), que hemos sido hechos un reino de sacerdotes (Ap. 1:6). En la visión del trono celestial, añade que el Cordero inmolado nos ha hecho para nuestro Dios reyes y sacerdotes (Ap. 5:10).

Así que, aunque no tengamos un linaje familiar sacerdotal, una vida inmaculada, el conocimiento suficiente u otra condición, si estamos en Cristo somos sacerdotes de Dios. Y esto no es por lo que hemos hecho ni por lo que hemos alcanzado, sino por lo que Cristo, el Cordero de Dios, ha hecho por nosotros. Cristo ganó el sacerdocio para nosotros. El que es nuestro Sumo Sacerdote nos hizo sus sacerdotes por la gracia derramada en Él para nosotros. Aunque no llenemos las expectativas de otros y nos falte madurez para resolver ciertos problemas de nuestras vidas, seguimos siendo sacerdotes de Dios por medio de Cristo.

LLAMADOS A EJERCER NUESTRO SACERDOCIO

Dios nos llama a cumplir nuestras responsabilidades sacerdotales en este mundo. No podemos seguir el ejemplo fallido de Adán, la nación de Israel o la tribu de Leví. Debemos seguir el ejemplo de nuestro sumo sacerdote eterno: Jesucristo. ¿Cuáles son estas responsabilidades?

✔ Ofrecer sacrificios espirituales

Estamos llamados a ofrecer sacrificios espirituales a Dios (1 P. 2:5). Pablo explica que este sacrificio no es de animales, cereales ni dinero, sino de nuestro cuerpo como sacrificio vivo, santo y agradable a Dios (Ro. 12:1). Esto significa presentar todo nuestro ser a Dios, no solo los domingos, sino todos los días. Como sacerdotes, debemos ofrecer nuestros cuerpos a Dios diariamente, viviendo en Su presencia (*Coram Deus*) y usando nuestros cuerpos para servir a Dios (Ro. 6:12-13).

✔ Enunciar el evangelio

También tenemos la responsabilidad de anunciar el evangelio. Así como los sacerdotes del Antiguo Testamento enseñaban la ley, nosotros debemos anunciar las virtudes de Cristo (1 P. 2:9). La proclamación del evangelio es una tarea esencial de cada cristiano. Esto impacta tanto a los oyentes como a los lugares celestiales, donde demostramos la sabiduría de Dios a los principados y potestades (Ef. 3:10).

✔ Servir al prójimo

El servicio al prójimo es otra responsabilidad clave. No podemos ver nuestra función sacerdotal de manera individualista; debemos estimularnos mutuamente a las buenas obras (Heb. 10:24). Dios se agrada de los sacrificios de bondad y ayuda mutua (Heb. 13:16).

✔ Interceder por otros

Además, debemos interceder en oración por otros. Con acceso libre a la presencia de Dios por medio de Cristo (Heb. 10:19), estamos llamados a orar e interceder por todos (Stg. 5:16, Ef. 6:18). La intercesión es fundamental en nuestra función sacerdotal. Pablo exhorta a orar por todos, incluso por los que están en eminencia, para que vivamos en paz y piedad (1 Ti. 2:1-4).

Nuestra responsabilidad de intercesores está en el corazón de nuestro rol como sacerdotes. En tiempos difíciles y desafiantes, donde la verdad de Dios y nuestra identidad cristiana están en juicio, debemos recordar nuestro llamado sacerdotal y seguir el ejemplo de Cristo.

En los días del profeta Ezequiel, Dios no encontró quien intercediera por el pueblo, resultando en juicio (Ez. 22:30). Hoy, en Cristo, tenemos la responsabilidad gloriosa de ser sacerdotes para nuestras familias, amigos, compañeros de trabajo, gobernantes y todos los que nos rodean.

El ejercicio de nuestra función sacerdotal ahora es el preámbulo de nuestras funciones futuras. *"Bienaventurado y santo es el que tiene parte en la primera resurrección; (...) sino que serán sacerdotes de Dios y de Cristo, y reinarán con Él mil años"* (Ap. 20:6). Lo que somos hoy, sacerdotes de Dios y de Cristo, es un anticipo de lo que seremos después de la resurrección, adorando delante del trono de Dios.

Preguntas para reflexionar

1. ¿Qué rescata la Reforma sobre la identidad de los cristianos en cuanto al sacerdocio?

2. Según Lutero, ¿qué ordena a todos los cristianos como sacerdotes?

3. ¿Cuál es la visión de Pedro sobre los cristianos como sacerdotes?

4. ¿Cómo describe Pablo a los cristianos en relación con el templo de Dios?

5. ¿Qué hecho asegura que los cristianos sean sacerdotes de Dios según Juan en Apocalipsis?

6. ¿Qué responsabilidad tienen los cristianos como sacerdotes en cuanto a sacrificios?

7. ¿Cuál es la tarea esencial de cada cristiano en su rol sacerdotal según 1 Pedro 2:9?

8. ¿Qué responsabilidad tienen los cristianos como sacerdotes en relación con el prójimo?

9. ¿Qué papel desempeña la intercesión en la función sacerdotal de los cristianos?

10. ¿Qué es el ejercicio de la función sacerdotal actual para los cristianos según Apocalipsis 20:6?

Capítulo 7
Embajadores

"Por tanto, somos embajadores de Cristo, como si Dios rogara
por medio de nosotros; en nombre de Cristo les rogamos:
reconcíliense con Dios". — 2 Corintios 5:20

Uno de los actos más solemnes durante el gobierno de cualquier país es cuando los embajadores de países extranjeros presentan sus cartas credenciales. Este acto tiene la finalidad de reconocer oficialmente a la persona que entrega sus credenciales como representante oficial de su país en el país receptor.

Esta ceremonia suele ser muy organizada y llena de galas, normalmente se celebra en los mejores salones de palacios. Cada invitado asiste con sus mejores vestimentas. Usualmente, es el presidente del país o el ministro del exterior quien preside la ceremonia.

El embajador, acompañado por una guardia de honor, avanza por los pasillos del palacio mientras una orquesta toca los himnos nacionales de ambos países, haciendo la ceremonia más solemne. Después de las firmas y saludos correspondientes, suele haber una cena de bienvenida con deliciosos platillos tradicionales y, a veces, se intercambian regalos.

Los embajadores trabajan arduamente para estrechar las relaciones políticas y comerciales entre ambos países y median en caso de conflictos. Lo mejor para un embajador es que el país que representa tenga buenas relaciones con el país donde sirve. Lo peor sería que su país entre en guerra con el país receptor y le retiren sus credenciales. Para evitar esto, los embajadores siempre buscan fortalecer los vínculos y reconciliar diferencias, evitando así una ruptura en las relaciones que llevaría a una salida forzada.

¿Por qué es importante hablar de protocolos y embajadas? ¿Nos tienen que importar estos temas con tantas necesidades y problemas en el mundo? ¿Es relevante para los cristianos? ¿Esto tiene algo que ver con nuestra identidad?

Si somos cristianos, debemos entender no solo los protocolos y ceremonias, sino la función de un embajador. Es crucial comprender la metáfora y los paralelos entre la tarea de un embajador y nuestra responsabilidad como embajadores de Cristo. Dios nos ha declarado a los cristianos como sus embajadores en este mundo.

El apóstol Pablo, quien rompió con sus prejuicios religiosos, dejó su tierra y cultura para predicar el evangelio a los gentiles, entendió claramente su papel como embajador de Dios ante las naciones. Nadie mejor que él para afirmarles a los creyentes de Corinto cuál era su nueva identidad en Cristo y hacerles ver su función diplomática en este mundo.

SOMOS EMBAJADORES INVESTIDOS COMO NUEVAS CRIATURAS

Nuestra identidad como embajadores en este mundo está dada por la nueva identidad que tenemos en Cristo. Si no se ha dado cuenta hasta aquí, es importante reafirmarlo: la mejor identidad del ser humano se comprende y se vive a través del evangelio de Cristo. Cristo es quien da valor y sentido a la vida del ser humano caído.

Nuestra asignación como embajadores proviene de la obra de regeneración que Dios hizo en nuestras vidas a través de Cristo. *"De modo que si alguno está en Cristo, nueva criatura es; las cosas viejas pasaron; he aquí todas son hechas nuevas"* (2 Co. 5:17). Todo en nuestra identidad está ligado indisolublemente a la obra de Cristo en nuestras vidas.

Nuestro nombramiento e investidura como embajadores son el resultado de que Dios en Cristo nos ha hecho nuevas criaturas. A pesar de que delante de Dios éramos lo peor y estábamos condenados por nuestros pecados, Él intervino a nuestro favor por medio de Cristo y nos regeneró por medio del Espíritu Santo para que seamos nuevas criaturas. La herencia terrible que nos dejó Adán fue removida por la obra de Cristo. Ahora estamos en la presencia de Dios y en este mundo como nuevas criaturas.

No nacimos de nuevo del vientre de nuestras madres, pero sí nacimos de nuevo por la obra del Espíritu Santo en nosotros. No nos transformamos poniéndonos un nuevo ropaje, ni participando en un ritual, ni repitiendo un credo. No sentimos deseos por Dios y rechazo por el pecado porque repetimos los códigos y patrones de una cultura judeocristiana, de una iglesia local o denominación a la que nos afiliamos. ¡No, nada de esto fue así! Toda nuestra metamorfosis ocurrió únicamente por la obra de Dios en y por nosotros. Bien lo confirma Pablo cuando dice: *"Y todo esto proviene de Dios"* (2 Co. 5:18).

> *Todo en nuestra identidad está ligado indisolublemente a la obra de Cristo en nuestras vidas*

Nuestra regeneración, nuestra identidad y nuestra misión como cristianos provienen de Dios. Si existe algo glorioso en nuestra identidad son los rastros de la gracia de Dios que la definen. La raíz y razón de nuestra identidad como cristianos descansan permanentemente en la gracia de Dios. Como cristianos, cuando miramos nuestra identidad, debemos repetirnos una y otra vez: *"Por la gracia de Dios soy lo que soy"* (1 Co. 15:10). Esta es una buena manera de protegernos de la vanagloria que constantemente quiere levantarse en nuestro ser, haciéndonos creer que somos merecedores de algo. Es por eso por lo que constantemente debemos mirar a Dios para ver lo que Su gracia ha hecho por nosotros. Ser embajadores de Dios, como todo lo que somos, es producto único y exclusivo de Su gracia.

Nuestra investidura como embajadores fue dada por Dios y ganada por Cristo con Su muerte en la cruz. La carta de presentación que se nos dio como Sus embajadores fue sellada por la sangre del Cordero Redentor. *"Al que no conoció pecado, Lo hizo pecado por nosotros, para que fuéramos hechos justicia de Dios en Él"* (2 Co. 5:21). La identidad que tenemos como representantes de Su nombre en la tierra siempre encontrará su base y fundamento en la obra de nuestro Salvador.

Nuestra graduación como embajadores no ocurrió en una universidad de relaciones internacionales, ni se alcanzó por alguna obra que hayamos hecho en la vida, ni por la reputación que hayamos alcanzado, ni por vía de las relaciones familiares. Nuestra graduación ocurrió el día que, por la fe en Cristo y a través del arrepentimiento, se dejó ver en nosotros la obra de regeneración divina que transformó nuestras vidas. El ejercicio de nuestras funciones diplomáticas en favor del reino celestial es solo una confirmación de lo que Dios hizo posible en nosotros.

Además de ver la obra de gracia de Dios en nuestras vidas para hacernos Sus embajadores, debemos ser responsables y honestos al ver que hubo un antes y un después en nuestra manera de vivir. Quien pretenda ser reconocido como embajador de Jesucristo debe tener la certeza de que ha nacido de nuevo. Solo los que nacen de nuevo pueden reflejar una nueva vida y los atributos de un representante de Cristo en la tierra. La transformación que ocurre en sus vidas reflejará lo que Dios está haciendo en ellos.

Resultaría una engañosa pretensión creernos embajadores de Cristo cuando, lejos de mostrar una nueva vida, seguimos detenidos en los mismos hábitos pecaminosos que nos esclavizaban. Sabemos que el crecimiento es un proceso, pero la regeneración deja ver frutos instantáneos en nuestras vidas, y estos frutos deben estar presentes en nuestra identidad.

Ser cristiano y embajador del evangelio no es ser el viejo hombre maquillado y retocado por algún cosmético religioso

Ser cristiano y embajador del evangelio no es ser el viejo hombre maquillado y retocado por algún cosmético religioso. Ser un nuevo hombre es alejarnos de las cosas viejas que distinguían nuestra identidad y acercarnos a las gloriosas bendiciones que Dios nos ha dado en Cristo. Un embajador de Cristo se distinguirá por mostrar en su vida un nuevo carácter que exhibe el fruto de su genuino arrepentimiento. De esta manera, de su corazón brotarán los nuevos frutos que se exhibirán a través de sus labios.

EMBAJADORES RECONCILIADOS

Reconciliación es más que una palabra poderosa en el contexto bíblico, es una obra gloriosa que Dios ha hecho en Cristo. Reconciliar es una palabra que indica volver a unir lo que estaba separado. La humanidad rebelde ha sido retornada a la comunión con Dios por medio de Cristo. Esta reconciliación únicamente pudo ocurrir a través de un glorioso intercambio que se llevó a cabo a través de Cristo. En este intercambio, Cristo cargó con nuestros pecados y nos dio Su justicia (2 Co. 5:21), como ya vimos anteriormente. Los que antes éramos enemigos de Cristo fuimos reconciliados por Dios por la obra de Cristo.

La mejor explicación de la reconciliación que Dios hizo en nosotros la da el apóstol Pablo en su gloriosa Carta a los Romanos. Él afirma: *"Pero Dios demuestra Su amor para con nosotros, en que siendo aún pecadores, Cristo murió por nosotros. Entonces, mucho más habiendo sido ahora justificados por Su sangre, seremos salvos de la ira de Dios por medio de Él. Porque si cuando éramos enemigos fuimos reconciliados con Dios por la muerte de Su Hijo, mucho más, habiendo sido reconciliados, seremos salvos por Su vida"* (Ro. 5:8-10).

Es por el amor de Dios demostrado en Cristo que los seres humanos podemos hallar la justicia y ser reconciliados con nuestro Padre. Es por esa sangre derramada en la cruz del Calvario que somos salvos de la ira de Dios. De tal manera que, de ser enemigos de Dios, fuimos reconciliados con Él por Cristo y también tendremos la salvación gloriosa y eterna que necesitamos.

Creer que por lo que Dios hizo por mí a través de Cristo ya no soy más enemigo de Dios trae paz a mi corazón. Saber que delante del trono de Dios he sido declarado justo por lo que Cristo hizo en mí y ya no soy más culpable, trae descanso a mi alma. Comprender que ahora poseo la salvación de la justa ira de Dios me llena de gozo. Es por medio de Cristo y Su gloriosa obra que he quedado reconciliado con Dios para siempre.

La mayoría de los que participamos de procesos académicos y educativos en los distintos niveles de escolaridad vivimos la experiencia de presentarnos a un examen que creímos que íbamos a desaprobar. Nos sentimos como ovejas que iban al matadero. Cuando revisábamos los contenidos que teníamos delante de nosotros no entendíamos correctamente ni el 25 % del mismo. Resulta que cuando pusieron el examen delante de nosotros comenzamos a trabajar y, para sorpresa nuestra, completamos una gran parte del examen. Al final, teníamos la nota del aprobado y comprendimos que había ocurrido un milagro.

Algo mucho más profundo ocurrió con nosotros delante de Dios. No sabíamos, ni queríamos y ni teníamos la idea de cómo quedar bien con Él. Y lo más triste era que no nos importaba. Sabíamos que un día nos moriríamos y se acabaría todo. En el examen que enfrentaríamos delante del trono de Dios estábamos desaprobados. Pero ocurrió el milagro. Dios se encargó de abrirnos los ojos para mirar a Cristo y poner nuestra fe en Él. Fue ese el día que, por la gracia de Dios, quedamos reconciliados con Dios y pasamos el examen de quedar a cuenta (justificados) con Él. ¡Qué glorioso día!

EMBAJADORES CON UNA MISIÓN REDENTORA Y UNIVERSAL

Más allá de simples protocolos o formalismos burocráticos en los que puede caer una misión diplomática, nosotros tenemos una misión práctica, poderosa, gloriosa y universal. Esta misión es la de ser embajadores en el nombre de Cristo (2 Co. 5:20) en esta creación. Ser embajadores en el nombre de Cristo nos hace representantes del Rey de reyes y Señor de señores en esta creación que clama con desesperación por su redención. El ser embajadores es parte de nuestra identidad como cristianos y también es parte de los propósitos más gloriosos que tenemos en esta vida.

El teatro de acción de un embajador suele estar limitado exclusivamente al país donde se encuentra su misión diplomática. Él no puede ir más allá de los límites territoriales a los que ha sido asignado. En cambio, nosotros, como embajadores de Cristo, tenemos como territorio para ejercer nuestro ministerio a todo el mundo creado. Dondequiera que nos encontremos, somos embajadores. Adondequiera que vayamos, estamos representando los intereses del reino de los cielos en este mundo.

Esta tarea se alinea con la Gran Comisión que Jesucristo dio a Sus discípulos: *"Por tanto, id, y haced discípulos a todas las naciones, bautizándolos en el nombre del Padre, y del Hijo, y del Espíritu Santo; enseñándoles que guarden todas las cosas que os he mandado; y he aquí yo estoy con vosotros todos los días, hasta el fin del mundo. Amén"* (Mt. 28:19-20- RVR). Son todas las naciones las que necesitan de todos los embajadores de Cristo cumpliendo con su misión reconciliadora.

Saber que hemos recibido una gran encomienda como embajadores del Padre Celestial nos anima a ser responsables en cumplirla. Aún más, si esta encomienda es una misión que involucra a todas las naciones. Debemos ser conscientes de que estamos en una misión diplomática que tiene garantizado el éxito pleno, porque Dios mismo se encarga de usar nuestras vidas para traer a los Suyos a Él. Y un día, delante de Su trono celestial, habrá gente de toda lengua, tribu y nación adorándole (Ap. 7:9).

Así que, mientras nosotros ejercemos nuestro ministerio como embajadores de Cristo, se están cumpliendo los designios celestiales de bendecir a todas las familias de la tierra en el nombre de Cristo. Dios está cumpliendo Sus propósitos y nosotros estamos participando activamente de ellos. Como embajadores de Cristo debemos tener siempre la certeza y el agradecimiento de ser parte de la misión redentora universal de Dios.

EMBAJADORES QUE HONRAN SU MISIÓN

Un embajador tiene la responsabilidad fundamental de honrar y estimar sus funciones, ya que su comportamiento y decisiones no solo representan su propio carácter, sino también la dignidad y los intereses de la nación que lo ha designado. Este rol demanda una integridad impecable, un compromiso constante con la verdad y una dedicación inquebrantable a promover la paz y el entendimiento entre las naciones. La estima por su posición debe reflejarse en cada acción y palabra, consciente de que su labor tiene un impacto directo en las relaciones internacionales y en la percepción global de su país. Por lo tanto, cumplir con estas responsabilidades no es solo una cuestión de deber, sino de honor y lealtad hacia su patria y su pueblo.

La responsabilidad de un embajador de honrar y estimar sus funciones es comparable a la responsabilidad que tienen los cristianos de honrar y valorar la tarea que realizan en su vida diaria y en su ministerio. Así como un embajador representa a su nación y debe actuar con integridad, los cristianos representan a Cristo en el mundo y deben vivir de manera que refleje Su amor, verdad y santidad. Esta responsabilidad implica un compromiso profundo con los principios del Evangelio, sabiendo que sus acciones y palabras tienen un impacto directo en cómo otros perciben a Dios y al Reino de los Cielos. Honrar la tarea que se les ha encomendado no es solo una obligación, sino una expresión de su lealtad y amor por Cristo, conscientes de que su vida es un testimonio viviente de Su gracia y poder. Al igual que el embajador, el cristiano debe ser un ejemplo de integridad y dedicación, consciente de la importancia y el impacto eterno de su misión en este mundo.

Los embajadores de Cristo deben ser plenamente conscientes de que la estima y el valor que otorgan a su misión estarán constantemente bajo escrutinio y prueba. En cada momento, tanto en tiempos de paz como en medio de conflictos, su dedicación será examinada, no solo por quienes los rodean, sino también por el enemigo espiritual que busca desanimar y desviar. Es en estas circunstancias, especialmente en las más adversas, cuando su compromiso con la misión y su identidad como representantes de Cristo deben brillar con mayor intensidad. Su fidelidad en estos tiempos difíciles no solo reafirma su lealtad, sino que también fortalece su testimonio, demostrando al mundo que su fe y su llamado son inquebrantables, anclados en la esperanza y la certeza de que sirven a un Dios soberano y fiel.

El apóstol Pablo es un excelente ejemplo a considerar en relación con la estima y el honor que se debe tener hacia la misión de ser embajador de Cristo. Aun en las circunstancias más difíciles de su vida, él mantenía en alta estima su llamado. Así lo expresó: *"Por el cual soy embajador en cadenas; que al proclamarlo hable con denuedo, como debo hablar"* (Ef. 6:20). Ni siquiera estando en prisión, su misión podía ser desestimada; al contrario, él anhelaba aún más valor y osadía para seguir proclamando el evangelio con la firmeza que su misión requería.

Al recordar que somos representantes del Reino de los Cielos, debemos buscar el mismo denuedo y valentía que Pablo anhelaba, para proclamar el evangelio y vivir de manera que glorifique a Dios. Esta enseñanza nos motiva a no dejar que los desafíos de la vida disminuyan nuestro compromiso, sino a ver cada prueba como una oportunidad para fortalecer nuestro testimonio y cumplir con mayor fervor el propósito que Dios nos ha dado.

Es lamentable que muchos que se llaman cristianos valoren más sus ocupaciones seculares y logros personales, que son temporales, que la gloriosa identidad de ser embajadores de Dios en este mundo. Si Dios es quien define nuestra identidad, debemos dar mayor importancia a lo que Él ha hecho por nosotros en Cristo que a lo que hayamos alcanzado por nuestros propios esfuerzos.

Vivimos en un mundo que tiende a apreciar más nuestros logros personales que lo que Dios obra en nosotros. Sin embargo, debemos recordar que lo que realmente importa es quiénes somos delante de Dios, no delante del mundo. Cuando nuestra identidad es definida por Dios, no tiene fecha de caducidad; esta siempre permanecerá en nosotros y debe ser honrada en todo momento. Si valoráramos más esta identidad, seguramente nos sentiríamos más satisfechos y agradecidos en todo. En lugar de vivir bajo la constante presión de buscar la aprobación del mundo, nos apasionaría más buscar la gloria de Dios.

UN LLAMADO A LA ACCIÓN

Nuestra identidad en Cristo define siempre nuestras acciones y nuestra acciones reflejan siempre lo que somos. Lo que creemos sobre nosotros mismos nos lleva a actuar en consecuencia. Como embajadores de Cristo, debemos representar a nuestro Señor predicando el evangelio en este mundo. Dios nos ha encomendado la responsabilidad de ser Sus embajadores en este mundo caído (2 Co. 5:19) y espera que cumplamos esta tarea con diligencia. No hay lugar para la negligencia ni la pereza en la proclamación del evangelio de la reconciliación.

Si como hijos obedientes cumplíamos las tareas asignadas por nuestros padres terrenales, ¿cuánto más debemos ser responsables con la tarea que nos ha encomendado nuestro Padre Celestial? Es Dios quien nos envía a predicar el evangelio en este mundo necesitado y debemos ser diligentes en cumplir con la tarea.

> *Cuando nuestra identidad es definida por Dios, no tiene fecha de caducidad; esta siempre permanecerá en nosotros y debe ser honrada en todo momento*

La obra de Dios sigue vigente; mientras escribimos o leemos estas palabras, Él está salvando a alguien en algún lugar del mundo a través de la predicación del evangelio por medio de embajadores dedicados. Esto debe inspirarnos a involucrarnos con pasión en la obra que Dios está realizando. Esta obra requiere nuestra humilde persistencia. Pablo presenta la reconciliación como un humilde ruego: *"Os rogamos en nombre de Cristo: Reconciliaos con*

Dios" (2 Co. 5:20- RVR). Predicar el evangelio con humildad y persistencia es esencial.

El llamado divino de la reconciliación demanda embajadores que, con humildad y constancia, prediquen el evangelio. El ruego de Dios a los pecadores requiere de quienes lo lleven al mundo. No olvidemos que los embajadores de Cristo, que anuncian la paz y las buenas nuevas, son vistos con admiración por Dios: *"¡Cuán hermosos son los pies de los que anuncian la paz, de los que anuncian buenas nuevas!"* (Ro. 10:15- RVR).

Nuestra identidad como embajadores nos recuerda constantemente nuestra misión. Todos los aspectos de nuestra identidad apuntan a la misión que Dios nos ha encomendado. Si somos mayordomos del evangelio y sacerdotes que anuncian las virtudes de Dios, también somos embajadores que ruegan en nombre de Cristo por la reconciliación con Dios.

Cuando era niño, soñaba con ser embajador, pero parecía imposible debido a los requisitos y lo difícil de acceder a estos estudios. Sin embargo, ahora soy embajador, no de un gobierno terrenal, sino del reino de los cielos. Represento el gobierno eterno del Mesías, lleno de justicia y verdad. Como embajador en el nombre de Cristo, tengo el mejor mensaje: ¡Reconcíliate con Dios!

Preguntas para reflexionar

1. ¿Cuál es la principal función de un embajador según el capítulo?

2. ¿Cómo describe Pablo la nueva identidad de los cristianos en 2 Corintios 5:17?

3. ¿De dónde proviene nuestra investidura y nombramiento como embajadores de Cristo?

4. ¿Qué significa ser una "nueva criatura" en Cristo según el capítulo?

5. ¿Qué implica la reconciliación en el contexto bíblico?

6. ¿Cuál es la explicación de la reconciliación que Pablo ofrece en Romanos 5:8-10?

7. ¿Qué papel desempeña la reconciliación en nuestra identidad como embajadores?

8. ¿Qué misión redentora tienen los embajadores de Cristo?

9. ¿Cómo se relaciona la Gran Comisión con la tarea de los embajadores de Cristo?

10. ¿Qué actitud deben tener los embajadores de Cristo al predicar el evangelio según el capítulo?

Capítulo 8
Extranjeros y Peregrinos

"Todos éstos murieron en fe, sin haber recibido las promesas,
pero habiéndolas visto desde lejos, y aceptado con gusto,
confesando que eran extranjeros y peregrinos sobre la tierra". — Hebreos 11:13

Cuando los tiempos se vuelven difíciles, no solo prueban la autenticidad de nuestra fe, sino que también revelan nuestra identidad. Un creyente, ante la llegada de la noche de las pruebas, corre hacia Cristo para encontrar su identidad y aferrarse a la obra que Él ha realizado en su vida. Si alguien se proclama cristiano y no se acerca a Cristo en los momentos de prueba, es señal de que realmente no le pertenece. Los cristianos buscan refugio en Cristo porque saben que a Él pertenecen y que en Él sus vidas están seguras.

Un recorrido por las páginas del Nuevo Testamento, en especial por las epístolas, nos demuestra la insistencia de los apóstoles en afirmar la identidad de los creyentes en tiempos difíciles. Cada afirmación sobre nuestra identidad, mencionada a lo largo de este conjunto de libros, encuentra eco en los escritos apostólicos. Por tanto, es esencial para la iglesia de hoy, en los tiempos que nos ha tocado vivir, fijar nuestra mirada en la palabra de Dios para descubrir y afirmar las verdades de nuestra identidad.

Un claro ejemplo lo encontramos en las cartas de Pedro. Al comienzo de su Primera Carta, afirma que somos elegidos por Dios (1 P. 1:2), Sus hijos (1 P. 1:14), santos (1 P. 1:16) y regenerados o renacidos (1 P. 1:23). Su declaración más sublime sobre nuestra identidad la encontramos en esta frase: *"Mas vosotros sois linaje escogido, real sacerdocio, nación santa, pueblo adquirido por Dios"* (1 P. 2:9). Pedro también describe nuestra identidad cristiana como "extranjeros y peregrinos" (1 P. 2:11), dos metáforas que resumen la realidad de los cristianos en este mundo y que son cruciales para entender.

Es importante detenernos a comprender estas metáforas, ya que pueden parecer contradictorias. ¿Cómo podemos ser extranjeros en un mundo que fue creado para nosotros? ¿Y cómo ser peregrinos si se supone que necesitamos estabilidad para formar una familia? ¿No es contradictorio ser peregrino y, al mismo tiempo, llevar una vida organizada, como se espera de todo cristiano? Reflexionemos sobre estos textos para entender claramente lo que significan estas metáforas.

VIVIMOS EN UN MUNDO QUE ES DE DIOS, PERO NO ES EL IDEAL

Somos extranjeros y peregrinos en un mundo que, aunque le pertenece a Dios, no es el mundo ideal que Él desea. La Palabra de Dios afirma claramente que toda esta creación hecha por Él le pertenece. El salmista decía: *"Del Señor es la tierra y todo lo que hay en ella, el mundo y los que en él habitan"* (Sal. 24:1).

El apóstol Juan fue uno de los escritores que entendió esta realidad como nadie. Su evangelio comienza describiendo la divinidad del Mesías y Su autoría sobre toda la creación (Jn. 1:1-3). Más adelante, muestra cómo este mundo le rechazó: *"Él estaba en el mundo, y el mundo fue hecho por medio de Él, y el mundo no Lo conoció. A lo Suyo vino, y los Suyos no Lo recibieron"* (Jn. 1:10-11). Es difícil comprender cómo el mundo que Él creó se convirtió en su enemigo, despreciando al autor y sustentador de todas las cosas.

> Somos extranjeros y peregrinos en un mundo que, aunque le pertenece a Dios, no es el mundo ideal que Él desea

Nada sorprendió al Mesías y Creador de este mundo, ni siquiera el desprecio y la maldad con que fue tratado. Pero, aun así, junto al Padre, decidió mostrar Su amor incondicional a este mundo (Juan 3:16). Él era consciente de que este mundo, que le pertenecía, no era el ideal ni para Él ni para los Suyos. Por eso oraba a Su Padre diciendo: *"No te ruego que los saques del mundo, sino que los guardes del maligno"* (Jn. 17:15).

Estamos viviendo en una creación caída, que por su rebeldía ha sido sometida por Dios a la vanidad (Ro. 8:20). En otras palabras, Dios ha decidido juzgarla, dejándola temporalmente en esta condición caída. Y ahora esta creación gime y clama con desesperación por ser liberada de su mala situación. Ella espera que un día, Su dueño y creador la redima para siempre (Ro. 8:22).

Así que, mientras vivimos en este mundo, debemos tener la certeza como cristianos de que no estamos en el lugar ideal. Resulta muy decepcionante para aquellos que proclaman su fe en Cristo, que pongan sus esperanzas y expectativas de satisfacción en un mundo que, aunque es de Dios, está corrompido por el pecado y actúa en contra de Sus propósitos. Un mundo lleno de maldad y que genera a los creyentes padecimientos constantes nunca será el lugar ideal para los hijos de Dios. No debería sorprendernos que, mientras vivamos en este mundo caído, tengamos que enfrentar todo tipo de aflicciones y sufrimientos. Así nos lo dice Pedro: *"Amados, no os sorprendáis del fuego de prueba que os ha sobrevenido, como si alguna cosa extraña os aconteciese"* (1 P. 4:12).

Con esta verdad en mente, ahora sí entendemos con mayor claridad lo que significan las metáforas de ser extranjeros y peregrinos en este mundo, que es de Dios pero no es el ideal para nosotros. Somos extranjeros en tanto que esperamos un mundo mejor, y somos peregrinos en tanto que vamos camino a ese día glorioso en que Dios redimirá a toda Su creación. Y esta es una verdad sobre nuestra identidad que constantemente debe estar en nuestras mentes. Aunque este mundo es nuestra casa temporal, no será nuestro hogar definitivo; por aquí andamos de paso. *"Pero, según Su promesa, nosotros esperamos nuevos cielos y nueva tierra, en los cuales mora la justicia"* (2 P. 3:13).

SOMOS EXTRANJEROS PORQUE PERTENECEMOS A UN REINO DIFERENTE

Ser extranjero tiene sus propios desafíos que no suelen ser muy agradables y tanto los lectores de esta misiva y el autor de ella, Pedro, bien sabían de esta realidad. Al comenzar su Primera Carta, Pedro se refiere a ellos como personas que están expatriadas, fuera de la tierra donde habían nacido y desarrollado una parte importante de sus vidas (1 P. 1:1). Al referirse Pedro a los creyentes como extranjeros, está dando un significado mayor que ser simplemente un ciudadano viviendo en un país ajeno. El vocablo griego para extranjero (*paroikos*) trae la idea no de un turista que es bien recibido en otra nación porque trae dinero y oportunidades de trabajo, sino de un forastero, alguien extraño que viene a habitar una tierra a la que no pertenece y donde no es bien recibido. Es en ese sentido en el que Pedro utiliza este término. El forastero, aunque quiera entrar en una cultura, siempre será rechazado y tratado como un extraño que no pertenece al lugar.

Es en ese sentido en el que Pedro afirma esta verdad. Somos extranjeros en este mundo porque pertenecemos a un reino mejor y diferente. Mientras vivamos en este mundo, los cristianos seremos tratados como forasteros porque ya no pertenecemos a él. No nos identificamos nunca más con su sistema de valores y menos con el príncipe que lo rige: el diablo.

Esta idea estuvo presente en el mensaje de Jesús a sus discípulos. Lo mismo que Jesús fue tratado como un forastero en un mundo que había creado y le pertenecía, así serán tratados sus discípulos. *"Yo les he dado Tu palabra, y el mundo los odió porque no son del mundo, como tampoco Yo soy del mundo"* (Jn. 17:14, ver.16).

Somos extranjeros porque, aunque estamos en este mundo, Dios nos ha librado de la condición caída que sufre Su creación. Dios, por Su gracia, *"nos libró del dominio de las tinieblas y nos trasladó al reino de Su amado Hijo"* (Col. 1:13). Ahora, aunque vivimos en este mundo y somos ciudadanos de un país, aunque tenemos una identidad cultural, un idioma, costumbres y hábitos que nos caracterizan, pertenecemos a un reino diferente, porque Dios nos mudó a él por la obra que hizo en nosotros a través de Cristo. Aunque estamos en este mundo, no somos de él. Ahora nuestra ciudadanía está en los cielos, de donde también esperamos al Salvador, al Señor Jesucristo (Flp. 3:20).

Nosotros tenemos que ser conscientes de que por muy bien o muy mal que nos vaya en este mundo, seguiremos siendo extranjeros en él. Por la obra de Cristo en nosotros, fuimos sacados del pantano de este mundo y puestos en la roca para estar listos para la eternidad. Mientras pasamos por las tribulaciones de este mundo y los desprecios habituales, tenemos que mirar a nuestra ciudadanía y saber que tenemos a un Salvador que nos entiende, porque vivió la experiencia de ser extranjero en un mundo que es Suyo. Así le dijo a Pilato cuando se defendía de las injustas acusaciones que le hacían: *"Mi reino no es de este mundo; si mi reino fuera de este mundo, mis servidores pelearían para que yo no fuera entregado a los judíos; pero mi reino no es de aquí"* (Jn. 18:36).

Como un pastor inmigrante y con una congregación de mayoría inmigrantes, podemos relacionarnos con la verdad de ser extranjeros con mayor facilidad que los que no han vivido esta experiencia. Si algo entendemos nosotros los cristianos emigrantes es lo que es sentirse extranjeros en un mundo que en muchas ocasiones no nos acepta como somos.

Como extranjeros no entendemos del todo la cultura en la que vivimos, la mayoría no dominamos el idioma y los hábitos de comunicación, tenemos una cosmovisión diferente con respecto a muchos detalles de la vida. Somos tratados muchas veces con desprecio y como personas de segunda o tercera categoría. Aunque esto suele ser duro para nuestra dignidad, si somos cristianos, más bien tenemos una ventaja cuando se nos mira como extranjeros.

> *Somos extranjeros porque, aunque estamos en este mundo, Dios nos ha librado de la condición caída que sufre Su creación*

El ser extranjeros en un país nos recuerda que también como cristianos somos extranjeros en este mundo. No pertenecemos a él, sino a un reino que ya es y espera su consumación. Cada vez que seamos despreciados por nuestra condición de inmigrantes, si somos cristianos, no nos sorprendamos y menos nos desalentemos, más bien recordemos que el Creador y Redentor de este mundo fue tratado como uno de nosotros, y fue a la cruz para redimirnos de nuestra condición y darnos entrada a un nuevo reino que Él inauguró.

SOMOS PEREGRINOS PORQUE VAMOS CAMINO A UN MUNDO MEJOR

A los que tienen como afición viajar y tener aventuras, la metáfora de ser peregrinos en este mundo les puede resultar atractiva, pero a los que prefieren una vida sedentaria esto no les resulta muy atractivo. Lo cierto es que nos agrade o no la idea, mientras vivimos como extranjeros en este mundo vamos de camino a un mundo mejor, y esto nos hace peregrinos.

Si algo pierde el peregrino es el sentido de pertenencia a un lugar, él sabe que toda morada será temporal. Él sabe que va de paso y que ningún lugar, por mucho que le atraiga, será su morada definitiva en este mundo.

Como cristianos que entienden su identidad como peregrinos, necesitamos comprender que la vida es de corta existencia. Por mucho que nos aferremos a la existencia terrenal, ya nuestro día está establecido por Dios para partir de este mundo. Pedro afirma una verdad que todos sabemos, pero poco comprendemos. La vida es efímera y temporal. Para exaltar la permanencia de la Palabra de Dios ante lo efímera que es la vida de los hombres, Pedro repite las palabras del profeta Isaías (40:6-7) y dice:

"Toda carne es como hierba,
Y toda la gloria del hombre como flor de la hierba.
La hierba se seca, y la flor se cae" (1 Pd. 1:24- RVR).

Santiago también afirma sobre la brevedad de la vida diciendo: *"Ciertamente es neblina que se aparece por un poco de tiempo, y luego se desvanece"* (Stg. 4:14- RVR).

Así que, como un peregrino va de lugar en lugar, con la consciencia de que su estancia va a ser breve, así también nosotros como cristianos debemos caminar por esta vida, reconociendo que nuestra estancia en este mundo será breve y pasajera comparada con nuestra permanencia en las moradas celestiales.

Un peregrino sabe que no solo su estancia es pasajera, sino que los lugares que disfruta también son temporales, no estarán allí para siempre porque un día serán reconstruidos. Así también será este mundo en el que vivimos. Este es un mundo temporal que será destruido, y vuelto a crear.

Como peregrinos vivimos temporalmente en un mundo que dejará de ser para dar paso a uno mejor. De nada sirve aferrarse a este mundo ni a las cosas que hay en él. El peregrino cristiano vive con la idea en su mente de que el fin de todas las cosas de este mundo terrenal se acerca (1 Pd. 4:7) y que los cielos que hoy contemplamos dejarán de ser, y que los paisajes en los que nos deleitamos contemplar serán quemados, y que las construcciones de las que los seres humanos se sienten orgullosos serán fundidas en el día final (2 Pd. 2:10).

Es esta visión del peregrino cristiano, más que catastrófica, una visión llena de esperanza. El peregrino espera llegar a una nueva creación donde lo que ojo no ha visto, ni oído ha escuchado, ni ha deseado ningún mortal, son las que Dios le tiene preparada para los que, como él, caminan al reino celestial. A él le anima dejar este mundo en caos y caminar a un mundo en orden y cumpliendo perfectamente con los designios del único Dios verdadero a quien adorará por la eternidad.

Mientras va caminando, el peregrino necesita mantener su mirada en su destino final donde está su Salvador (Heb. 12:1, Col. 3:1). Debe tener en mente que tiene que luchar contra los deseos carnales que intentarán sacarlo del camino verdadero (1 Pd. 2:11b). Su viaje será una bendita lucha contra el enemigo de su alma y contra los vicios pecaminosos que tenía cuando vivía como ciudadano de este mundo. Él sabe que constantemente tiene que traer sus pensamientos cautivos a la obediencia de la palabra de Dios, que siempre será la mejor instrucción y guía para su viaje eterno.

> *Como peregrinos vivimos temporalmente en un mundo que dejará de ser para dar paso a uno mejor*

Su viaje al mundo venidero debe ser ligero de equipaje porque a este mundo ha venido sin nada y nada se llevará (1 Ti. 6:7). Su desapego a las riquezas de este mundo debe distinguir su vida porque el peregrino tiene la certeza de que sus tesoros van a estar seguros en el reino de los cielos (Mt. 6:19-21).

En El Progreso del Peregrino, obra de John Bunyan que fue muy leída en el mundo, aunque ya no lo es más, ocurre un interesante diálogo entre Apolión, que representa al maligno, y el Peregrino. Apolión le pregunta al Peregrino:

—¿De dónde vienes y adónde vas?
Y el peregrino le responde:
—Vengo de Ciudad de la Destrucción —respondió Cristiano—, la tierra de todo mal, y voy hacia Ciudad Celestial.

Dios permita que todos los que se llaman cristianos puedan tener esa bendita convicción de ser peregrinos en este mundo. Saber de dónde Dios nos sacó y a dónde Dios nos llevará es esencial para entender nuestra identidad de peregrino en este mundo. Que nuestra identidad encuentre su mayor aspiración y deseo, sabiendo que andamos de paso por este mundo y que un mejor mundo nos espera. Los cristianos somos peregrinos que caminamos a la ciudad celestial.

Si algo me llama la atención de los grandes hombres de Dios en la Biblia era que tenían esta misma idea de que eran extranjeros y peregrinos en este mundo. Ellos sabían que vivían en un mundo de Dios que no era el ideal de Dios y buscaban algo mejor. Así lo vio el escritor de Hebreos cuando exaltó a los grandes hombres de fe de la Biblia: *"Conforme a la fe murieron todos estos sin haber recibido lo prometido, sino mirándolo de lejos, y creyéndolo, y saludándolo, y confesando que eran extranjeros y peregrinos sobre la tierra"* (Heb. 11:13). Y nosotros, como extranjeros y peregrinos que somos, deberíamos seguir sus ejemplos.

Mientras andamos por este mundo, caminemos con la seguridad de que ya el más grande e importante extranjero y peregrino por este mundo, Jesús, ha preparado un lugar para nosotros. Él nos dijo: *"En la casa de mi Padre muchas moradas hay; si así no fuera, yo os lo hubiera dicho; voy, pues, a preparar lugar para vosotros. Y si me fuere y os preparare lugar, vendré otra vez, y os tomaré a mí mismo, para que donde yo estoy, vosotros también estéis"* (Jn. 14:2-3). Allá en la gloria nos espera nuestro Señor, y mientras esperamos ese día, vivimos como extranjeros y peregrinos en este mundo.

Preguntas para reflexionar

1. ¿Qué revela nuestra identidad cristiana en tiempos difíciles según el capítulo?

2. ¿Qué metáforas utiliza Pedro para describir la identidad cristiana y por qué son importantes?

3. ¿Qué aprendemos en las Escrituras acerca de este mundo creado por Dios?

4. ¿Qué significa que somos extranjeros porque pertenecemos a un

reino diferente?

5. ¿Cómo describe Jesús la relación de sus discípulos con el mundo en Juan 17:14, 16?

6. ¿Qué transformación experimentan los cristianos por la obra de Cristo según Colosenses 1:13?

7. ¿Qué implicaciones tiene ser peregrinos en cuanto a nuestra estancia en este mundo?

8. ¿Cómo describe Pedro la brevedad de la vida humana en 1 Pedro 1:24?

9. ¿Qué dice el capítulo sobre el destino final del mundo y los cristianos como peregrinos?

10. ¿Qué promesa de Jesús a sus seguidores refuerza la idea de ser peregrinos en este mundo?

Capítulo 9
Siervos de Dios

"Y el que desee ser el primero entre ustedes será su siervo".
— *Mateo 20:27*

Nuestra identidad encuentra una expresión en nuestros deseos más profundos. Los hombres, en su búsqueda existencial, anhelan grandezas y reconocimientos, una aspiración que Jesús denominaba "gloria de hombres" y el Apóstol Juan, "vanagloria de la vida". Esta absurda pretensión, que ha acompañado a la humanidad desde Adán y Eva con su creencia de poder equipararse a Dios, es comparable a una droga: nunca satisface del todo y siempre exige más.

La tragedia de esta adicción es que, inevitablemente, quien la sufre termina humillado y decepcionado, descubriendo su futilidad mientras aún está vivo. La vanagloria, ese cimiento frágil sobre el que muchos construyen su identidad, se desmorona. No es necesario esperar a la muerte para experimentar este desengaño; muchos enfrentan esta dura lección de humillación durante su vida, sirviendo de ejemplo sobre lo que se debe evitar.

Para entender mejor esto consideremos al rey Salomón. Pregúntele de qué le sirvió su vanagloria y probablemente responderá con su conocida frase: "Vanidad de vanidades, todo es vanidad". O piense en la Torre de Babel, cuyas ruinas atestiguan el fracaso de otro monumento a la vanagloria humana.

El antídoto más efectivo contra la vanagloria es la adoración y el servicio al Dios verdadero. Estas dos acciones deben ser la base de nuestra identidad, como lo demostró Jesús al rechazar una de las tentaciones del diablo en el desierto. Cuando el tentador le ofreció todos los reinos del mundo a cambio de adoración, Jesús respondió con firmeza: *"Vete, Satanás, porque escrito está: 'Al Señor tu Dios adorarás, y solo a Él servirás'"* (Mt. 4:10).

El antídoto más efectivo contra la vanagloria es la adoración y el servicio al Dios verdadero

A pesar de que la mentira del diablo sigue engañando a muchos hoy en día, la verdadera cura para la vanagloria radica en humillarnos ante Dios y demostrarlo a través de nuestro servicio y adoración. El camino hacia una identidad saludable, según la Palabra de Dios, implica un servicio humilde a Dios y al prójimo, lo que nos coloca en la perspectiva correcta ante el Señor del universo y nuestros semejantes.

En este capítulo exploraremos nuestra identidad como siervos humildes del reino de los cielos. A diferencia de las grandezas terrenales que muchos buscan, la grandeza en el reino celestial se alcanza mediante el servicio humilde. Sumérgete en la Palabra de Dios con nosotros para descubrir más acerca de nuestra verdadera identidad como siervos en este mundo caído.

PERTENECEMOS A UN REINO DONDE EL REY ES SIERVO

Nuestra identidad como siervos tiene su fundamento y su mejor ejemplo en nuestro Salvador y Señor, Jesucristo. Él, Creador y dueño del universo, fue anunciado por el profeta Isaías como el Siervo de Dios (Is. 41:1, 52:13, 57:15), ungido para reinar sobre todas las naciones mediante un servicio sacrificial. Todo lo relacionado con este Siervo y Mesías estuvo marcado por la humillación y el sufrimiento, elementos esenciales para cumplir su misión redentora hacia la humanidad (Is. 53). A pesar de ello, Dios lo exaltó y lo hizo Señor sobre todas las cosas.

El gran Siervo de Dios no vino a negociar posiciones o beneficios en los corredores de los palacios, ni a recibir vanos honores de este mundo caído. No buscó favores de los eminentes y ricos; en cambio, se acercó a los pobres, los presos, los ciegos y los oprimidos para servirles y proclamar el evangelio que les brindaba esperanza (Lc.

4:18-19). Su reino se cimentó en el servicio a los más despreciados y marginados. ¿Quién, aparte de Él, se animaría a servir a un leproso, a un endemoniado, a un lunático o a alguien con una enfermedad crónica como el flujo de sangre? Es poco probable que alguien de algún estrato social elevado o de la realeza optara por tal servicio. Sin embargo, el Señor Jesucristo, como Siervo, lo hizo durante Su estancia en este mundo.

Su compromiso con el servicio fue tal que se hizo uno de nosotros, asumió la condición de un esclavo y fue a la cruz para redimir a la humanidad de sus pecados (Fil. 2:5-11). No es de extrañar que Él afirmara sobre Su misión: *"Porque ni aun el Hijo del Hombre vino para ser servido, sino para servir y para dar Su vida en rescate por muchos"* (Mc. 10:45-RVR).

No podemos considerar a Jesús como el Salvador y Señor de nuestras vidas sin reconocer Su vida de servicio a la humanidad. Tampoco podemos comprender nuestra identidad como siervos de Dios si no empezamos viendo al Rey de nuestro reino como aquel que se humilló para servirnos. Nuestra identidad como siervos no se configura a través de actos humanos que nos hacen siervos, sino mediante la contemplación constante de Jesús como el Siervo de Dios. Al ver a nuestro Rey como Siervo, podemos renunciar al camino de la vanagloria y comenzar a cumplir la voluntad de Dios.

Es sorprendente que los apóstoles de Jesucristo se autodenominaran siervos (*doulos*), que literalmente significa esclavos. Lo hicieron porque primero vieron a su Maestro, que no solo les lavó los pies, sino que también estuvo dispuesto a ir hasta la cruz para servirles. Se identificaron como siervos y entendieron su identidad como tal porque creyeron en Aquel que primero los amó y les sirvió humildemente. Nuestra identidad de siervos está profundamente arraigada en el Rey y Siervo de nuestro reino: Jesucristo.

EN EL REINO DE LOS CIELOS EL CAMINO A LA GRANDEZA ES EL HUMILDE SERVICIO

Jesús no es solo Señor y Salvador, sino también el mejor maestro de vida. Durante Su ministerio público, enseñaba los principios de Su reino y los ejemplificaba con Su vida, mostrando que entre Sus palabras y acciones no había discrepancia.

Una de las enseñanzas que Jesús reiteró a sus discípulos fue que la grandeza en Su reino no se alcanza a través de posiciones o glorias vanas, sino mediante el servicio humilde. Antes de entrar en Jerusalén, se produjo un diálogo entre la madre de dos discípulos, Juan y Jacobo, quien solicitó para ellos lugares de honor junto a Jesús en Su reino, específicamente a Su derecha y a Su izquierda. Estos lugares, reservados para los más cercanos y confiables, implicaban una gran responsabilidad y honor (Mt. 20:20-22).

La respuesta de Jesús fue inmediata, señalando que ella no comprendía la magnitud de su petición. A diferencia de las expectativas terrenales de reinado, el reino de los cielos se construye a través del sufrimiento. Participar en el reinado de Jesús significa compartir Su sufrimiento (2 Tim. 2:12), una realidad que probablemente no estaba en los planes de una madre para sus hijos.

Para clarificar, Jesús usó una pregunta retórica doble, preguntando si Juan y Jacobo estaban preparados para beber de Su copa y compartir Su bautismo, simbolizando tanto la comunión literal como el sufrimiento asociado a Su muerte en la cruz[26]. Eventualmente, ambos discípulos experimentarían este sufrimiento: Santiago se convirtió en el primer mártir apostólico (Hch. 12:2) y Juan sufrió un exilio severo en la Isla de Patmos (Ap. 1:9).

Jesús también aclaró que los lugares a Su derecha o izquierda no eran Suyos para otorgar, ya que estos habían sido asignados por el Padre, subrayando la naturaleza derivada de Su autoridad (ver Mt. 11:27; 24:36; 28:18; cf. Jn 14:28).

Jesús también dejó claro que los lugares de honor a Su derecha o a Su izquierda no eran Suyos para otorgar, ya que estos habían sido asignados por el Padre, subrayando así la naturaleza derivada y subordinada de Su autoridad (ver Mt. 11:27; 24:36; 28:18; cf. Jn 14:28). Este reconocimiento de la soberanía del Padre no solo muestra la humildad de Jesús, sino que también revela la perfecta armonía y obediencia en la relación entre el Padre y el Hijo. Jesús, aunque investido con toda autoridad en el cielo y en la tierra, como siervo de Dios siempre actuó en

---

[26] Ver Carson. D. A. (2010). *The Expositor's Bible Commentary: Matthew*, p, 1161. eBook. en Everand.

total dependencia del Padre, demostrando que Su misión y Su poder eran expresión directa de la voluntad divina.

Este incidente provocó malestar entre los discípulos, revelando conflictos de ego. Aunque molestos por la petición inoportuna de la madre, en el fondo todos aspiraban a posiciones similares. Este contexto brindó a Jesús la oportunidad de enseñar sobre la verdadera grandeza y las posiciones en Su reino. Contrario a los reinos terrenales, donde la autoridad y la posición definen la grandeza, en el reino celestial esta se mide por la disposición a servir humildemente a los demás.

Participar en el reinado de Jesús significa compartir Su sufrimiento

La palabra 'siervo' (Mt. 20:28), que literalmente significa 'esclavo', no era bien recibida entre los discípulos, pues implicaba renunciar a la libertad personal en favor del servicio a otros. Sorprendentemente, Jesús, aunque rey, definió la grandeza en Su reino como el servicio desinteresado a los demás, un modelo que Él mismo personificó al tomar forma de siervo y humillarse para servir a la humanidad (Fil. 2:7)[27].

Entender y vivir nuestra identidad como siervos de Dios es crucial para los cristianos de hoy. Aquellos que buscan posiciones, títulos o cualquier otra forma de reconocimiento en el mundo religioso para obtener grandeza ante los hombres, han perdido el verdadero camino hacia el reino de los cielos. No hay mayor honor ni actitud en nuestro servicio que considerarnos siervos de los demás. En el reino celestial, quien sirve será el primero y más grande ante Dios.

LA SALVACIÓN DE NUESTRAS ALMAS INCLUYE QUE TAMBIÉN SOMOS SIERVOS DE DIOS

Uno de los grandes desafíos en la historia de la iglesia es que, al explicar la salvación, solemos centrarnos únicamente en los beneficios y olvidamos las responsabilidades que conlleva. Por esto, es común encontrar en las iglesias a muchas personas reclamando las bendiciones de Dios, pero pocas dispuestas a humillarse y a servir en Su reino.

---

[27] Pablo en Filipenses 2:7 dice que Jesús tomó forma de esclavo (morphén *doulo*-μορφὴν δούλου) para humildemente servir a los seres humanos.

Cuando Pablo explicó a los corintios las bendiciones de la salvación que recibieron a través de Cristo, también enfatizó el compromiso que esto implicaba. Dios no solo desea llevarnos al cielo; en el proceso, busca transformarnos en personas que le sirvan. A través de la obra de Cristo debemos entender que ya no nos pertenecemos; ahora, nuestra vida es de Dios. Esto significa que no podemos vivir según nuestros apetitos o deseos carnales, sino para Dios, quien mora en nosotros y cuya presencia señala a quién pertenecemos.

Es común encontrar (...) a muchas personas reclamando las bendiciones de Dios, pero pocas dispuestas a humillarse y a servir en Su reino

Para comprender lo que significa ser siervo de Dios es crucial considerar estas verdades destacadas por Pablo en 1 Corintios 6:19-20: *"¿O no saben que su cuerpo es templo del Espíritu Santo que está en ustedes, el cual tienen de Dios, y que ustedes no se pertenecen a sí mismos? Porque han sido comprados por un precio: por tanto, glorifiquen a Dios en su cuerpo".*

La primera verdad que un siervo de Dios debe aceptar es que su cuerpo ya no le pertenece. Al convertirse en la morada del Espíritu Santo pierde su anterior derecho de propiedad. Al recibir el Espíritu Santo, el cristiano es sellado (Ef. 1:13), garantía de la obra de Dios en su vida y señal de su nueva pertenencia. Además, no solo nuestros cuerpos, sino todo nuestro ser —cuerpo y espíritu— pertenece a Dios porque Cristo pagó por nosotros con Su vida. Al morir en la cruz, Cristo pagó el precio de nuestra redención; quienes éramos esclavos del pecado hemos sido liberados por Su sangre y ahora le pertenecemos.

Pedro resalta que el rescate pagado por nosotros no fue con bienes corruptibles como oro o plata, sino con la *"sangre preciosa de Cristo, como de un cordero sin mancha y sin contaminación"* (1 Pd. 1:18-19). La figura de haber sido comprados, que emplean los apóstoles, proviene del antiguo mercado de esclavos. Esta comparación, aunque dura, sirve para ilustrar que, habiendo sido esclavos del pecado y destinados a la condenación, fuimos redimidos por la sangre de Cristo.

Como siervos de Dios, nuestra vida ya no es para nosotros, sino para la gloria de Dios. Esto implica que debemos glorificar a Dios con nuestros cuerpos. Aquellos que son siervos de Dios tienen el propósito supremo de servirle y glorificarle. El amor de nuestro Señor fue tan grande que, habiendo dado lo máximo para redimirnos, espera que vivamos para Él.

Recuerdo que el 9 de septiembre de 1995, mientras caminaba hacia la estación de trenes de Tulipán en La Habana, conversaba con un compañero del Seminario Bautista que ya estaba en su tercer año de estudios. Ese fin de semana comenzaría mi labor atendiendo una iglesia por primera vez. Durante el camino, le pedí consejo sobre cómo desempeñar mi trabajo. Él me respondió: *"Recuerda que Cristo pagó el precio por ti en la cruz; ahora que vas a servir, lo harás para Él y no para ti mismo. Eres esclavo de Cristo y ya no vives para ti, sino para Aquel que te salvó y entregó Su vida por ti"*. Nunca olvidé esas palabras.

¿Eres tú un siervo de Dios? Una iglesia sana en un mundo pecaminoso necesita hombres y mujeres que reconozcan a un solo Señor y le sirvan con toda devoción y fidelidad. Los grandes personajes de la Biblia, incluidos Jesús, Moisés (Nm. 12:6-7), David (Hch. 13:22), Isaías (Is. 6:8), María (Lc. 1:38), Pablo (Ro. 1:1, Flp. 1:1), Pedro (2 Pd. 1:1) y Santiago (Stg. 1:1), fueron considerados siervos de Dios por su vida de servicio. Ellos nos dejaron un ejemplo a seguir.

Si realmente entendemos nuestra identidad como cristianos, ¿estamos dispuestos a aceptar nuestro llamado a servir? Que Dios nos permita responder a Su llamado y que un día podamos escuchar: *"Bien, buen siervo y fiel... entra en el gozo de tu señor"* (Mt. 25:21, 23). El reino de los cielos avanza gracias a quienes aceptan la obra de Cristo en sus vidas y viven para servir con humildad y alegría en este mundo caído.

Preguntas para reflexionar

1. ¿Cómo se define la identidad de un cristiano según el capítulo?

2. ¿Cuál es el antídoto más efectivo contra la vanagloria según el capítulo?

3. ¿Qué ejemplo nos da Jesús sobre el servicio en Mateo 20:27?

4. ¿Cómo describe Isaías al Mesías en relación con el servicio?

5. ¿Qué enseñó Jesús a sus discípulos sobre la grandeza en el reino de los cielos?

6. ¿Qué implica ser un siervo de Dios según Pablo en 1 Corintios 6:19-20?

7. ¿Qué dice Pedro sobre el precio de nuestra redención en 1 Pedro 1:18-19?

8. ¿Cómo nos enseña Pablo a glorificar a Dios como siervos?

9. ¿Qué significa para los cristianos ser siervos de Dios en el contexto del reino de los cielos?

10. ¿Qué declaración hace Jesús sobre el servicio en Marcos 10:45?

Capítulo 10
Luminares del Mundo

"...para que sean irreprensibles y sencillos, hijos de Dios sin tacha en medio de una generación torcida y perversa, en medio de la cual ustedes resplandecen como luminares en el mundo". — Filipenses 2:15

Uno de los grandes problemas de la identidad en el ser humano de hoy es el egoísmo. Cuando hablamos del egoísmo es ese defecto que hace al ser humano el centro de todo. Únicamente le importa su bienestar, sus deseos, su vida y lo que hace para sí mismo. Para el egoísta, el prójimo es una molestia o un estorbo. El escenario ideal de la vida de un egoísta es viviendo en un lugar aislado, con las personas que temporalmente aprueba y sin ningún compromiso con otros seres humanos. El egoísmo es el desprecio y el olvido del prójimo.

Una de las historias de la literatura universal que abordan el tema del egoísmo es El Gigante Egoísta, de Oscar Wilde. Esta es una historia maravillosa para ser compartida en la educación de nuestros hijos.

Resumiendo, la narración cuenta que había una vez un gigante que tenía un hermoso jardín. Los niños del pueblo solían entrar a jugar allí, pero el gigante era muy egoísta y no quería compartir su jardín con nadie. Un día, decidió construir un muro alto alrededor de su jardín para mantener a los niños fuera y puso un cartel que decía: "PROHIBIDA LA ENTRADA A LOS NIÑOS".

A partir de ese momento, el jardín del gigante se quedó desierto y triste. Llegó el invierno, y el jardín quedó cubierto de nieve y hielo. La primavera y el verano pasaron, pero en el jardín del gigante siempre era invierno. Ningún árbol florecía y no se escuchaban los cantos de los pájaros.

Un día, el gigante escuchó música y risas en su jardín. Miró por la ventana y vio que los niños habían entrado al jardín por un agujero en el muro y estaban jugando, llenando el jardín de vida y color. Entonces, el gigante comprendió que había sido egoísta al no compartir su jardín con los niños. Derribó el muro y les permitió jugar allí siempre que quisieran.

El gigante aprendió que compartir su jardín con los niños le traía alegría y felicidad. Con el tiempo, se hizo amigo de todos los niños del pueblo y su jardín se convirtió en un lugar maravilloso y lleno de vida.

La moraleja del cuento nos enseña que el egoísmo puede llevar a la soledad y la tristeza, mientras que compartir y ser generoso puede traer alegría y satisfacción. Nadie puede vivir aislado, estamos en un mundo creado por Dios para compartir e influenciar a otros y para que otros compartan y nos influencien a nosotros.

Dios ha diseñado nuestra identidad para interactuar y bendecir a otros

Mirando a la Biblia, nos percatamos de que, como cristianos, no hemos sido rescatados por Dios para quedarnos encerrados en nuestro espacio, ni para meternos en los edificios en los que se reúne la iglesia. Hemos sido puestos por Dios para ser luminares de este mundo, para impactar en la vida de otros y para ser un testimonio vivo de la gracia de Dios. El egoísmo no cabe en el reino de Dios.

La mejor manera de cuidarnos del egoísmo es saber que tenemos una responsabilidad sobre los demás que nos rodean. Dios ha diseñado nuestra identidad para interactuar y bendecir a otros. Como cristianos, Dios nos ha puesto como luminares en el mundo en esta generación maligna y perversa (Flp. 2:15) y es nuestra responsabilidad resplandecer con la luz de Cristo.

JESÚS NOS LLAMÓ LA LUZ DEL MUNDO

En el discurso más famoso de Jesús, el Sermón del Monte, Jesús hace una referencia a sus discípulos relacionada con ser luminares en el mundo. Él dijo: *"Ustedes son la luz del mundo. Una ciudad situada sobre un monte no se puede ocultar; ni se enciende una lámpara y se pone debajo de un cajón, sino sobre el candelero, y alumbra a todos los que están en la casa. Así brille la luz de ustedes delante de los hombres, para que vean sus buenas acciones y glorifiquen a su Padre que está en los cielos"* (Mt. 5:14-16).

Jesús utiliza la metáfora de la luz para indicar que nosotros somos la luz del mundo. Tal afirmación, si la entendemos, nos puede resultar un poco exagerada. Porque si somos honestos, sabemos que tenemos que luchar en contra de nuestro pecado, que nos afecta, y no somos tan suficientes como para brillar con luz propia. Pero entendamos tal afirmación a la luz de la persona y la obra de Dios a través de Cristo.

La luz es utilizada por los escritores del Nuevo Testamento como una de las metáforas preferidas para referirse a la pureza y la santidad de Dios. Dios es definido como la luz (1 Jn. 1:5) y Su Hijo, Jesús, es reconocido como la luz que ha venido al mundo (Jn. 3:19, 8:12, 12:46) para salvar a la humanidad de las tinieblas (pecados) en los que habita.

Resulta interesante que Jesús, quien afirmó ser la luz del mundo (Jn. 8:12), se refiera a nosotros los cristianos como la luz del mundo. La única manera de entender este título metafórico para nuestras vidas es a través de la obra que Cristo hizo en nosotros al sacarnos de las tinieblas y traernos a Su luz admirable. Así lo dijo nuestro Señor: *"Yo, la luz, he venido al mundo, para que todo aquel que cree en mí no permanezca en tinieblas"* (Jn. 12:46).

Cuando Jesús llega a nuestras vidas, deshace las tinieblas de nuestro pecado y nos alumbra para que alumbremos a otros. Es a través de Su obra que somos sacados del reino de las tinieblas y traídos al reino de la luz (Col. 1:12-13). Ahora que somos participantes de la luz de Dios es que nos podemos llamar luz del mundo. No brillamos con luz propia, sino con la luz del evangelio de Jesucristo que ha impactado nuestras vidas.

El que vivía en la plenitud de la gloria del Padre, rodeado de luz, penetró las tinieblas de este mundo para venir en busca de los Suyos. De seguro en el cielo era el mejor lugar donde la luz se podía preservar, pero no el mejor lugar para influenciar. Fue por eso por lo que Él descendió de los cielos y vino a las tinieblas para alumbrar a los Suyos. Si hoy decimos que brillamos con la luz de Dios fue porque el Salvador cruzó las murallas que nos separaban del cielo y nos alumbró con Su gloria celestial. Él prefirió despojarse de Su gloria y venir en pos de nosotros para alumbrarnos con la luz divina.

Cuando Jesús nos llama luz del mundo lo hace en función de lo que Él hizo por nosotros. Es como la luna, cuando brilla en la noche, lo hace no con luz propia, sino con la luz que refleja del sol. Así también nosotros los cristianos podemos considerarnos la luz del mundo, porque reflejamos en nuestra identidad la luz de nuestro Salvador.

LA LUZ ESTÁ PUESTA PARA BRILLAR, NO PARA ESCONDERSE

Jesús nos enseñó que hay dos cosas que no puedes hacer con la luz. La primera es que si la tienes en una posición visible no se pueda esconder. *"...una ciudad asentada sobre un monte no se puede esconder"* (Mt. 5:14). Cuando tienes una luz y la hace visible va a disipar las tinieblas y verás el efecto de ella. Si llegas a un lugar lleno de oscuridad y alumbras con una luz, enseguida este dejará de estar oscuro. La presencia de la luz se hace tan evidente como una ciudad que está sobre un monte.

Lo segundo que no se puede hacer con la luz es pretender alumbrar con ella un espacio abierto y ponerla dentro de algo cerrado. *"Ni se enciende una luz y se pone debajo de un almud, sino sobre el candelero, y alumbra a todos los que están en casa"* (Mt. 5:15). Un almud era un cajón de madera que se utilizaba para medir los granos. Era como meter un candelero encendido dentro de un cajón cerrado. De hecho, aunque lo cerrado quede alumbrado hasta que se consuma el oxígeno que hay en el espacio, la luz no irá más a ningún lado de la habitación. La luz está puesta para alumbrar, y mientras más expuesta es, más alumbra y mejor luz es. Si ocultas la luz, de nada sirve.

Es como si usted comprara una linterna en Amazon y esta viene en su caja. Luego de abrir la caja y organizar todo para que esta funcione, usted la encienda y la meta dentro de la caja nuevamente para verificar si esta trabaja bien. ¿Le resulta algo sin sentido? Por supuesto que sí, pues es esto mismo lo que está afirmando Jesús acerca de la luz que está en nosotros, esta no se puede esconder para pretender alumbrar.

Estas dos verdades de lo que no se puede hacer con la luz es una realidad que ejemplificó Jesús para nosotros. Mientras que Jesús vino desde el cielo para alumbrar a toda la humanidad perdida, y es imposible ignorar esta verdad, también vino para ser puesto en lo alto en una cruz, para luego ascender a los cielos y alumbrar a la humanidad. Él no se quedó en la gloria, ni cuando descendió a este mundo se escondió en Nazaret, ni se ocultó en el templo, ni en una sinagoga; Él salió para alumbrar a este mundo.

Recuerdo cuando los discípulos lo vieron transfigurarse junto a Moisés y Elías. Pedro le dijo: Estemos aquí y hagamos tres enramadas o tabernáculos, uno para ti, otro para Moisés y otro para Elías. Pero luego de ver la gloria de Dios, no se quedaron en el monte, sino que fueron donde estaban las multitudes para servirles (Mt. 17). Al parecer, los planes de Pedro eran que se quedaran en aquel monte de gloria, pero los de Jesús fueron otros: mostrar Su identidad divina y seguir sirviendo a la humanidad.

Dios nos ha puesto a nosotros como luminares de este mundo en tinieblas. Si somos hijos de la luz no podemos evitar que la obra de Dios en nosotros sea vista, ni podemos esconder lo que Dios está haciendo en nosotros. El que tiene la luz de Cristo será un luminar para este mundo que está en tinieblas.

No brillamos con luz propia, sino con la luz del evangelio de Jesucristo que ha impactado nuestras vidas

Nuestra identidad ha sido impactada por la gracia de Dios, y es imposible que esta transformación no supere nuestra individualidad. Al superarla, no podemos quedarnos atrapados en nuestro egoísmo, sino que debemos exponernos para que otros sean bendecidos y alumbrados con la misma luz que nos alumbró a nosotros.

BRILLA CON LA LUZ DE CRISTO

En muchos países latinoamericanos, el servicio eléctrico es precario. Entre ellos está Cuba. A los cortes del servicio eléctrico en Cuba le llaman apagones. Estos suelen ser a veces de 12 a 16 horas. Por supuesto, los que padecen necesidades siempre se las arreglan para encontrar soluciones. Una de ellas es que se buscan plantas eléctricas para proveer luz al hogar. Recuerdo a uno de mis hermanos poniendo su planta eléctrica en medio de un apagón y pasándole al vecino una conexión para que pudiera tener electricidad en su casa. Recuerdo preguntarle: ¿Haces eso siempre? Él me respondió: -Siempre hay que pasar el cable a otros. Esta fue la manera en la que me enseñó que siempre hay que ayudar a otros. Así mismo nosotros los cristianos que tenemos la luz divina debemos pasar la luz a otros. No podemos sentirnos tranquilos cuando otros están en tinieblas, sino que tenemos que alumbrar con la luz de Cristo.

Brillar con la luz de Cristo significa salir de nuestra zona de confort y avanzar en servir a otros a través de buenas obras. *"Así alumbre vuestra luz delante de los hombres, para que vean vuestras buenas obras, y glorifiquen a vuestro Padre que está en los cielos"* (Mt. 5:16).

Sin dudas, este es uno de los desafíos más grandes que los discípulos de Cristo encuentran en este mundo. Estamos llamados a salir y alumbrar a este mundo que está en tinieblas. Ante nuestra tendencia a buscar nuestra comodidad y aislarnos en nuestro egoísmo, Jesús nos dice que salgamos a hacer las buenas obras a las cuales hemos sido llamados.

No cabe espacio para el egoísmo cuando hemos sido depósitos de la gracia de Dios que ha alumbrado nuestras vidas para siempre. Si por la gracia de Dios hemos sido sacados de las tinieblas y alumbrados con Cristo, lo que se espera de nosotros es que compartamos esta luz con otros.

Alumbramos a otros cuando compartimos del glorioso mensaje del evangelio de Cristo. Somos conscientes de que este ha sido, es y será el mensaje más importante y poderoso que necesita la humanidad (Ro. 1:16). Este no es un mensaje que únicamente le anuncia al ser humano la esperanza de gloria que tiene en este mundo en oscuridad, sino que también es el anuncio que, al ser creído, transforma la vida de las personas para siempre.

> *Brillar con la luz de Cristo significa salir de nuestra zona de confort y avanzar en servir a otros a través de buenas obras*

Llevar el evangelio es llevar la luz de Cristo a los que están en tinieblas. Jesús es la luz que alumbra a todo ser humano (Jn. 1:9). El que escucha este mensaje glorioso, cree y sigue a Jesús, ya no andará más en tinieblas, sino que tendrá la luz de la vida (Jn. 8:12). Aunque somos conscientes de que la luz vino al mundo y los hombres aman más las tinieblas que la luz (Jn. 3:19), también somos conscientes de que Dios ha hecho que la luz brille sobre las tinieblas de nuestros pecados y ha iluminado nuestras vidas para llevarnos a la salvación en Cristo (2 Co. 4:6).

Brillar con la luz de Cristo es mostrar vidas transformadas. Todo el que ha sido alumbrado por Cristo dejará las tinieblas de Su pasada vida y andará en la luz. *"Porque en otro tiempo erais tinieblas, mas ahora sois luz en el Señor; andad como hijos de luz"* (Ef. 5:8). El mensaje del evangelio que iluminó nuestras vidas no quedó en palabras, sino en hechos que muestran nuestras vidas transformadas.

Nadie que diga que tiene la luz de Cristo puede mostrar que su vida está en tiniebla. La luz del evangelio no ha resplandecido en la vida de quien permanece en las tinieblas de sus pecados, y tristemente se está autoengañando. El apóstol Juan, luego de afirmar que Dios es luz, añade: *"Si decimos que tenemos comunión con Él, y andamos en tinieblas, mentimos, y no practicamos la verdad"* (1 Jn. 1:6). ¿No es una mentira pretender que nuestra luz está encendida cuando realmente no estamos alumbrando a nadie?

Hay evidencias claras que demuestran cuando nos estamos engañando a nosotros mismos y la más clara de ellas es nuestra relación con el prójimo. *"El que dice que está en la luz, y aborrece a su hermano, está todavía en tinieblas"* (1 Jn. 2:9-RVR).

La manera más evidente de mostrar que tenemos vidas transformadas y no estamos en tinieblas es amando a nuestro prójimo como Cristo nos amó a nosotros. El perdón y la aceptación del pecador debe caracterizar a aquellos que están en la luz, no el odio ni el desprecio hacia el prójimo.

Alumbrar a otros hombres con la luz de Cristo es hacer buenas obras que sirvan para los demás. La manera más visible que las personas pueden ver que la luz de Cristo está en nosotros es sirviéndolas y amándolas como Cristo nos amó. No cabe servir o alumbrar a los demás con murmuraciones y contiendas, sino con amor y compasión (Flp. 2:15).

Brillar para la gloria de Dios es la motivación que debe alimentar nuestras vidas. Lo que nos debe mover para vivir como luminares en un mundo corrompido es la gloria de Dios. No nos deben mover las apariencias, ni los estereotipos, ni el qué dirán, sino la gloria de Dios. Esa gloria de Dios que un día brilló en nuestros corazones para la salva-

Brillar con la luz de Cristo significa salir de nuestra zona de confort y avanzar en servir a otros

ción tiene que ser la gloria que nos motive a vivir para Dios. Nuestras buenas obras deben ser hechas delante de los hombres, pero no para los hombres, sino para la gloria de Dios.

Aprendamos de nuestro Señor, que en Su ministerio terrenal sirviendo a la humanidad fue claro cuando dijo: *"Gloria de los hombres no recibo"* (Jn. 5:41). Mostrando así que en su condición humana no le importaba buscar su propia gloria, ni la de otros hombres, sino la del Padre Celestial. Esta actitud resultaba muy diferente a los religiosos y gobernantes de su época, que procuraban hacer sus buenas obras delante de los hombres para buscar su propia gloria y no la de Dios (Jn. 5:44, 12:43).

La gloria de Dios es la que ilumina nuestras vidas a través de Cristo para traernos al reino de Dios, es la que nos hace cristianos. Y es la búsqueda de esa gloria celestial la que mantiene encendidos nuestros corazones para seguir brillando para Dios en medio de este mundo entenebrecido. Si buscamos la gloria de los hombres más que la gloria de Dios, la llama de la gloria divina en nuestros corazones menguará. Pero si somos fieles en mantener nuestra motivación de la búsqueda de la gloria de Dios, seguiremos disfrutando de esa gloria que nos salvó hasta que lleguemos a la plenitud de ella en la eternidad.

POTENCIA LA LUZ DE CRISTO EN TU VIDA

¿Es posible brillar más en este mundo con la luz de Cristo y para la gloria de Dios? Estoy convencido de que sí. El apóstol Pablo, después de exhortar a la iglesia de Filipos a ser luminares en el mundo (Flp. 2:15), añade una exhortación que potencia y sostiene esa luz brillante. Él dice: *"...manteniendo firme la palabra de vida..."* (Flp. 2:16).

El término 'mantener' en este pasaje significa sostener, agarrar o aferrar con fuerza. Al utilizarse en relación con la Palabra de Dios, indica que para mantenernos como luminares en este mundo, debemos obedecer y aferrarnos a la Palabra de Dios. La presencia de Cristo en nuestras vidas nos ilumina, y la obediencia a Su Palabra nos permite reflejar la gloria de Su obra en nosotros.

La responsabilidad de brillar con la luz de Cristo implica, de manera inseparable, que nos mantengamos sometidos y obedientes a la Palabra de Dios. Recordemos siempre que la Palabra de Dios es la lámpara que guía nuestros pies y la lumbrera que ilumina nuestro camino (Sal. 119:105). En medio de las tinieblas de este mundo, las Escrituras son la antorcha que alumbra el sendero y permite que el lucero de la mañana resplandezca en nuestros corazones (2 Pd. 1:19).

Pensemos en un faro que guía a los navegantes en medio de una tormenta. Así como el faro necesita una fuente de energía constante para mantener su luz, el cristiano necesita aferrarse continuamente a la Palabra de Dios para brillar en un mundo oscuro. Un creyente que medita en las Escrituras diariamente y vive de acuerdo con ellas es como un faro, iluminando el camino para otros y glorificando a Dios con su vida.

Vivimos en un mundo que está en tinieblas, pero nosotros no estamos apagados, sino que tenemos la luz de Cristo habitando en nosotros. Estamos llamados a dejar nuestro egoísmo a un lado y comenzar a ser una influencia en este mundo. Nuestra identidad ha sido impactada por la gloriosa luz del evangelio. No dejemos la luz de Cristo encerrada en nuestras vidas, ni en casa, ni en el edificio donde se reúne la iglesia. Que esta luz salga a alumbrar a otros que están en tinieblas; esos son el ejemplo y el desafío que Jesús nos da.

Si no tienes la luz de Cristo, te comparto la letra de uno de los primeros cantos cristianos.

"Despiértate, tú que duermes,
Y levántate de los muertos,
Y te alumbrará Cristo" (Ef. 5:14).

Es Cristo y solo Su obra por ti lo que puede alumbrar tu vida y tu identidad en tinieblas y darte una nueva esperanza en este mundo caído.

Renuncia a autoengañarte diciendo que tienes algo cuando no tienes evidencia de que lo posees. Si dices que eres cristiano y no tienes luz, arrepiéntete y no te engañes más. Si sigues andando en tinieblas cuando dices que has sido alumbrado, es una muestra más de que no has tenido una experiencia con Cristo. El engaño y la mentira destruyen nuestra identidad como seres humanos y nos condena por la eternidad. Recuerda que a los mentirosos no se les dará residencia en el cielo.

Si tu luz como cristiano está menguando por el desánimo y porque no has recibido el reconocimiento de otros, te recuerdo que alumbrar con la luz de Cristo es para la gloria de Dios, y no para tu reconocimiento. El deseo de darle la gloria a Dios es lo que debe alimentar nuestros corazones y nuestras vidas. Es mi deseo que tu identidad redimida alumbre a otros en este mundo de tinieblas. Recuerda que la luz que se te dio es para compartirla.

Vuelve a la obediencia de las Escrituras que es la mejor manera de re-encontrar tu identidad en el evangelio y de mantener tu luz brillando en medio de las tinieblas. En un mundo donde las ideologías humanas a menudo confunden y desvían, la obediencia a las Escrituras nos ofrece un ancla firme, asegurándonos que nuestras vidas están edificadas sobre la roca inamovible de la verdad divina. Esta obediencia es la llave para mantener nuestra luz brillando, guiando a otros hacia la esperanza y la salvación que solo se encuentran en Jesús.

Quiero terminar este libro con una historia acerca de brillar en este mundo en tinieblas. Él era estudiante de UC Davis, una de las universidades públicas de California. Por requisitos de su carrera, debía cumplir con una de las asignaturas relacionadas con cultura e identidad. Esta materia pretendía exponer a los estudiantes a todo lo relacionado con la ideología de género, tratando que ellos fueran arrastrados por esta corriente. El trabajo final de la asignatura consistió en escribir un ensayo para que el estudiante explicara cómo se identificaba. Debido a sus convicciones cristianas, él sabía el riesgo que corría por defender su punto de vista acerca de su identidad, pero se atrevió a no ceder ni un centímetro de sus convicciones.

Su ensayo se tituló: "Yo me identifico como un hombre cristiano". En su trabajo básicamente escribió su testimonio de conversión y cómo la fe en Cristo le había ayudado a encontrar sentido a su vida. Revisó su trabajo junto a su padre y lo entregó, consciente de que podía desaprobar la asignatura, pero con la certeza de que quería agradar a Dios sobre todas las cosas. Para sorpresa de él, la profesora evaluó su trabajo con la máxima calificación y lo felicitó por haber sido valiente en defender su fe. De quien les hablo es mi hijo Gabriel, quien actualmente sirve al Señor como líder de jóvenes de su iglesia Redemption, en Tucson, Arizona, y trabaja como ingeniero eléctrico para Texas Instruments.

Es mi deseo que todo el que lea este libro pueda encontrar claridad acerca de su identidad en Cristo y que pueda defender sus convicciones en este tiempo en el que le ha tocado vivir. Amén.

Preguntas para reflexionar

1. ¿Cuál es uno de los principales problemas de la identidad humana moderna según el capítulo?

2. ¿Qué nos enseña la historia de El Gigante Egoísta, de Oscar Wilde, sobre el egoísmo?

3. ¿Cuál es la responsabilidad de los cristianos en una generación maligna y perversa según Filipenses 2:15?

4. ¿Qué metáfora utiliza Jesús en el Sermón del Monte para describir a Sus discípulos y qué implica?

5. ¿Cómo describe el Nuevo Testamento a Dios y a Jesús en relación con la luz?

6. ¿Qué significa para los cristianos ser la luz del mundo según la obra de Cristo?

7. ¿Qué no se puede hacer con la luz según la enseñanza de Jesús en Mateo 5:14-16?

8. ¿Qué ejemplo dio Jesús sobre ser una luz para el mundo y no esconderse?

9. ¿Qué significa brillar con la luz de Cristo para los cristianos?

10. ¿Cuál es la motivación principal para los cristianos al hacer buenas obras según el capítulo?

Made in the USA
Las Vegas, NV
21 November 2024

12265960R00079